통합돌봄 현장, 의사가 집으로 옵니다.
-통합돌봄 길라잡이-

통합돌봄 현장, 의사가 집으로 옵니다.
- 통합 돌봄 길라잡이 -

초판 1쇄 인쇄 : 2025년 8월 11일

지은이 : 노동훈
편집 기획 : 장광호
발행처 : 청춘미디어
출판등록 : 2014년 7월 24일, 제 2014-02호
전화 : 010 3630 1353
메일 : Stevenjangs@gmail.com
https://chmediabook.com/

본 저작물의 저작권은 '청춘미디어'가 소유하고 있습니다.
저작권법에 의하여 한국내에서 보호를 받는 저작물이므로 무단전제와 무단 복제를 금합니다.

ISBN 979-11-93430-05-7

책가격 14,900원

통합돌봄 현장,
의사가 집으로 옵니다.

-통합돌봄 길라잡이-

노동훈 지음

청춘미디어

추천사

추천사 1

고령화, 만성질환, 1인 가구의 증가 등 사회 구조의 변화는 의료와 복지의 경계를 허물며, 지역 중심의 '통합돌봄' 체계로 나아갈 것을 요구하고 있습니다. 이제 '병원 밖'의 돌봄은 선택이 아닌 필수가 되었습니다.

이 책은 방문진료라는 실천 현장을 중심으로, 의료와 돌봄이 어떻게 유기적으로 연결될 수 있는지를 생생히 보여줍니다. 단순한 진료기록이나 정책 해설을 넘어, 저자의 치열한 문제의식과 풍부한 현장 경험이 담겨 있어, 읽는 이로 하여금 '사람 중심' 돌봄의 본질에 한 걸음 더 가까이 다가서게 합니다.

특히 재택의료와 통합돌봄의 접점을 다룬 대목은, 정책 입안자에게는 방향성을, 현장 종사자에게는 깊은 공감과 실천의 실마리를 제공합니다. 통합돌봄 제도화는 제도 설계만으로 이루어지지 않으며, 현장을 아는 사람들의 목소리와 실천이 더해질 때 비로소 작동합니다. 그런 점에서 이 책은 귀중한 기록이자 제안입니다.

통합돌봄의 미래를 고민하는 모든 이에게 이 책을 권합니다. 따뜻한 돌봄은 제도와 사람, 그리고 현장의 진심이 만날 때 비로소 실현된다는 사실을, 이 책은 다시금 일깨워 줍니다.

양성일 - 전 보건복지부 제1차관

추천사 2

신경과 의사로서 저는 병원 진료실에서 수많은 치매, 파킨슨병, 뇌졸중 후유장애 환자들을 만나왔습니다. 그들은 종종 낯선 진료실보다, 익숙한 자신의 집에서 진료받기를 원했습니다.

그러나 의료의 시스템은 그런 '삶의 목소리'를 따라가지 못했습니다. 이 책은 그 간극을 채우는 실천의 기록입니다. 방문진료와 통합돌봄이 어떻게 환자의 일상 속으로 들어가는지, 그리고 의학적 처치를 넘어서 '존엄한 삶'을 지키는 의료가 무엇인지를 이 책은 묻고 또 보여줍니다.

노동훈 원장은 단지 환자를 '보는' 의사가 아니라, 그들의 삶을 '함께 사는' 의사입니다. 그가 직접 경험한 수많은 재택 진료의 순간들은 이론과 정책을 넘어선 현장의 생생한 교과서입니다. 특히, 거동이 불편하고 인지장애로 병원 내원이 어려운 환자들을 돌보는 방식에 있어 이 책은 중요한 방향성을 제시합니다.

대한재택의료학회는 의료가 병원 중심에서 벗어나, 사람 중심, 삶 중심의 의료로 나아가야 한다고 믿습니다. 이 책은 그러한 변화의 흐름 속에서 반드시 읽혀야 할 책이며, 우리 모두가 함께 짊어져야 할 숙제를 담고 있습니다.

박건우 - 대한 재택의료학회이사장 박건우

추천사 3

의료는 병원이 아닌, 삶의 자리에서 시작되어야 합니다. 특히 고령화와 만성질환 시대를 살아가는 지금, 재택의료는 보완적 수단이 아니라 필수 의료의 한 축입니다.

이 책은 그러한 변화의 흐름을 선도하며, 재택의료와 통합돌봄이 어떻게 유기적으로 맞닿아야 하는지를 명확히 보여주는 살아 있는 현장의 기록입니다. 단순한 제도 해설을 넘어, 저자가 직접 겪은 수많은 사례와 고민이 담겨 있어 현장의 실천가뿐 아니라 제도 설계자, 학계, 정책당국 모두에게 깊은 울림을 줍니다.

저자 노동훈 원장은 방문진료와 지역통합돌봄의 최전선에서 누구보다도 치열하게 환자 곁을 지켜온 임상가입니다. 의료, 복지, 돌봄이 분절되지 않고 연결될 때, 비로소 환자의 삶의 질이 지켜진다는 사실을 몸소 증명해 온 그가 쓴 책은, 지금 우리가 어디로 가야 하는지를 일깨워주는 나침반과도 같습니다.

대한재택의료학회는 이 책이 더 많은 의료인과 지역사회 전문가들에게 읽히고, 재택의료와 통합돌봄의 대전환이 실현되는 데 작은 불씨가 되기를 기대합니다.

이건세 - 대한재택의료학회 회장

추천사 4

의료는 단지 '치료'를 넘어서, 삶의 질과 존엄을 보장하는 사회적 시스템이어야 합니다. 고령화와 만성질환의 시대, 그 역할은 병원이라는 물리적 공간만으로는 감당하기 어렵습니다.

노동훈 원장의 『통합돌봄』은 그러한 의료의 '변곡점'에서 쓰인 책입니다. 이 책은 방문진료라는 일차의료 현장에서 출발해, 재택의료·장기요양·장애인 건강주치의 등 다양한 제도들을 실제로 접목하며 '사람 중심 보건의료'의 미래를 구체화한 실천적 성찰입니다. 의료와 복지, 돌봄의 경계가 분절되어 있는 지금의 현실 속에서 이 책은 묻습니다. "진료는 어디에서 시작되어야 하는가?"

그리고 저자는 그 답을 환자의 집, 즉 '삶의 현장'에서 찾습니다.

특히 본서는 단순한 진료 사례가 아니라, 현장 중심의 정책 비판과 실행 경험을 토대로 통합돌봄의 철학과 방향성을 제시하고 있습니다. 보건의료 체계 개편을 고민하는 정책가, 1차의료의 미래를 모색하는 의료인, 그리고 커뮤니티케어에 관심 있는 학계 모두에게 귀중한 통찰을 줄 것입니다.

이 책은 우리가 지금 어디에 있고, 어디로 가야 하는지를 보여주는 나침반입니다. 진심을 다한 실천이 어떻게 정책과 제도로 이어질 수 있는지를 보여주는, 보기 드문 성찰의 기록입니다.

윤석준 - 고려대학교 보건대학원장

추천사 5

우리는 지금 병원 중심 의학이 아닌 삶 중심의 의료를 다시 성찰해야 할 시점에 있습니다. 이 책은 단순한 방문진료 경험담이 아닙니다. 지역사회 안에서, 가정이라는 공간에서, 그리고 환자라는 '사람' 곁에서 진료가 어떻게 다시 시작되고 있는지를 기록한 소중한 성찰의 산물입니다.

저자 노동훈 원장은 단지 의학적 처방을 넘어 환자의 삶에 깊숙이 들어가는 의료를 실천하고 있습니다. 그의 글에는 '기술'보다 '신뢰'가, '효율'보다 '연결'이 중심에 놓여 있습니다. 그런 점에서 이 책은 단순한 의료서적이 아니라 우리의 돌봄 사회가 나아가야 할 방향을 제시하는 '사회적 제안서'이기도 합니다.

헬스경향은 오랫동안 국민의 건강을 위해 의료현장을 기록해 온 건강미디어로서 저자와 같은 현장 전문가의 목소리가 더욱 널리 읽히고 이것이 나아가 정책과 문화로 이어지기를 진심으로 바랍니다.

'통합돌봄'은 먼 미래가 아니라 지금 여기에서부터 시작될 수 있습니다. 그 출발점에 이 책이 놓여 있음을 감사하며 여러분께 소개합니다.

조창연 - 헬스경향 대표이사·발행인

목차

추천사   4

들어가며   14

1부. 방문진료, 그 이름의 부활   22

    1장. 왕진에서 방문진료까지 - 그 변화의 궤적   23

    2장. 의료는 왜 집으로 돌아와야 했는가.   25

    3장. 병원 밖에서 이뤄지는 진료란 무엇인가   27

    4장. 돌봄과 진료의 교차점   29

    5장. 고령화와 만성질환 시대의 필연   31

    6장. 팬데믹 이후, 다시 불붙은 재택의료   33

    7장. 방문진료를 가능케 한 제도적 변화   35

    8장. 외국의 왕진 부활 사례 – 일본, 영국, 독일, 미국   37

    9장. 방문진료가 필요한 이유 – 환자와 가족의 목소리   41

    10장. 왕진이 멈췄던 시절, 그리고 남겨진 공백   43

    [헬스경향 칼럼 노동훈 원장의 사례로 본 재택의료 1탄]   45

    길 위의 스승 '쿠팡맨'에게 방문진료를 배우다   45

2부. 현장에서의 방문진료   48

    11장. 나는 왜 방문진료를 시작했는가   49

    12장. 첫 방문, 낯선 집에서 마주한 삶   53

    13장. 방문진료의 4가지 유형   55

    14장. 동네의원에서 방문진료 시작하기   61

    15장. 방문진료 가방 안에는 무엇이 있을까   64

16장. 진료 아닌 존재로서의 의사　　　　　　　　　　67
17장. 함께해서 고마워요　　　　　　　　　　　　　69
18장. 혈압보다 중요한 것 – 대화　　　　　　　　　　71
19장. 삶과 병이 섞인 공간에서　　　　　　　　　　　73
20장. 보호자와의 대화, 진료의 절반　　　　　　　　75
21장. 배우자, 반려동물 – 가족 전체를 본다　　　　　77
22장. 소변줄/콧줄 교체, 욕창 드레싱 – 기본기의 힘　79
23장. 치매 환자의 진료법　　　　　　　　　　　　　82
24장. 정신질환 환자의 방문진료　　　　　　　　　　85
25장. 거절, 불신, 경계 – 문을 두드리는 용기　　　　88
26장. 방문진료에서의 팀의료 – 간호사, 사회복지사와 함께　91
27장. 진료실 밖의 돌발상황　　　　　　　　　　　　94
28장. 병원으로 보내야 할 때, 의사의 판단 기준　　　97
29장. 죽음 앞의 진료 – 집에서의 임종　　　　　　　101
30장. 집에서 돌아가신 분의 마지막 진료기록　　　　105
31장. 반복되는 죽음과 애도의 방식　　　　　　　　107

[헬스경향 칼럼 노동훈 원장의 사례로 본 재택의료 2탄]
곁에 있지만 보이지 않는 이웃…'장애인환자들' 이야기　　109

3부. 제도와 구조　　　　　　　　　　　　　　　　112

32장. 방문진료 제도의 변천사　　　　　　　　　　　113
33장. 일차의료 방문진료-방문 시술 중심　　　　　　117
34장. 장기요양 재택의료 -복잡한 케어의 시작　　　123
35장. 장애인 건강주치의　　　　　　　　　　　　　126
36장. 치매관리 주치의　　　　　　　　　　　　　　129

37장. 치매안심센터, 보건소에 가능한 진료법 연계 132

38장. 지역사회와 함께 만드는 방문진료 135

39장. 통합돌봄과 방문진료 – 의료와 돌봄의 만남 140

40장. 장기요양과의 연결 고리 143

41장. 방문간호센터와 협업 – 지역사회 통합돌봄의 실마리 146

42장. 통합돌봄. 지역에서 함께 돌보는 힘 149

43장. 요양보호사와의 협력, 신뢰가 답이다. 154

44장. 건강보험 수가 체계의 한계 156

45장. 응급환자 대응 체계의 필요성 159

46장. 야간 방문진료-제도적 공백 162

47장. 서류와 행정, 진료 외의 업무 164

48장. 물품 지원과 안전 확보 166

[헬스경향 칼럼 노동훈 원장의 사례로 본 재택의료 3탄]
수유동 골육종 할머니 이야기 169

4부. 환자와 가족, 그리고 삶 172

49장. 집이라는 진료실 173

50장. 방문진료 시간은 누구의 것인가 176

51장. 와상 환자의 삶 – 자세, 식사, 욕창 178

52장. 노인 우울증, 약보다 필요한 것 180

53장. 치매 환자 가족의 고통과 회복 183

54장. 자녀와의 갈등 속 부모의 선택 185

55장. 임종의 시간, 가족이 지켜야 할 것 188

56장. 죽음 이후의 절차 – 법과 마음 191

57장. 가족이 죽은 후 우울증을 극복하는 방법 195

58장. 방문진료가 바꾼 환자의 삶 198

59장. 보호자와의 신뢰 형성 기술 200

[헬스경향 칼럼 노동훈 원장의 사례로 본 재택의료 4탄]
초고령사회의 방파제 '노인 장기요양보험제도' 204

5부. 방문진료의 미래 208

60장. AI와 스마트홈, 방문진료의 진화 209

61장. 간호사·요양보호사와의 협진 체계 212

62장. 외국인 간병인과 방문진료의 연결 214

63장. 재택의료 교육은 어떻게 시작하나 216

64장. 방문진료와 공공의료 219

65장. 의료 공백 지역에서의 가능성 222

66장. 의사 1인 의원에서 할 수 있는 방문진료 225

67장. 의사 1인의 한계와 팀기반 진료로의 전환 228

68장. 방문진료의 수익 구조와 유지 전략 231

69장. 방문진료, 왜 의사들이 꺼릴까 235

70장. 방문진료, 돌봄의 윤리를 묻다 238

71장. 진료와 돌봄 사이의 경계 허물기 241

72장. 방문진료가 만드는 새로운 의료 패러다임 243

73장. 내가 이 길을 계속 걷는 이유 247

74장. 방문진료의 내일을 상상하며 249

마감하며 254

들어가며

의료·돌봄 통합지원, 본 사업 준비에 총력
– 방문진료 중심 통합돌봄을 위한 법과 제도 기반의 변화

2026년 3월. 의료,요양,돌봄 통합지원 본 사업이 시행된다. 단순 복지 정책 확대가 아니라, 의료와 돌봄이 단절되지 않도록 통합 지원하는 국가 시스템의 전환이다. 법적 기반으로 2024년 3월 제정된 '의료·요양 등 지역돌봄의 통합지원에 관한 법률(약칭: 돌봄통합지원법)'이다.

위 법률은 의료, 요양, 돌봄이 개별 서비스로 흩어져 있는 구조에서 벗어나, 지자체 중심으로 이들을 연계·통합 제공할 수 있도록 제도화한 것이다. 대상자는 고령자뿐 아니라 고령 장애인, 중증 질환자 등 의료·돌봄 복합 욕구가 있는 모든 사람으로 확대된다.

의료와 요양 필요도를 취합한 통합 판정조사를 도입한다. 노인과 장애인을 대상으로, 기존 선별평가 대신 의료·돌봄 필요도를 세분화하여 전문의료(방문진료 포함), 요양병원, 장기요양, 지자체 돌봄 서비스 등 4개 영역으로 분류한다.

지자체는 전담조직과 통합지원 협의체를 구성한다. 시군구청 내 보건·복지 전담인력이 통합지원 대상자를 관리한다. 담당 공무원은 개인 맞춤 서비스 계획을 수립하고 민간 의료기관과의 협업을 통해 방문진료 제

공 기반을 확보한다.

2023년부터 시작된 예산지원형 시범사업(12개 지자체)과 기술지원형 시범사업(35개 지자체)을 통해 재가노인 방문의료 서비스의 연계·확충이 핵심 과업이다.

통합돌봄의 목적은 분명하다. 일상생활이 어려운 사람이, 살던 곳에서 건강한 생활을 이어갈 수 있도록 하는 것이다.

병원에서 퇴원하면 지자체가 개입하여 환자 맞춤 의료, 요양, 돌봄 서비스를 계획한다. 방문진료팀이 가정으로 찾아가 의료의 연속성을 유지한다. 치매, 욕창, 폐렴 등 치료를 한다. 기존의 간호 중심이 아닌 의학적 판단이 포함된 통합 진료 체계다. 응급 알림 서비스 등과 연계해 대응력을 높인다. 이 과정에서 방문진료는 통합 돌봄의 핵심 축이 될 것이다. 다직종 팀을 연결할 구심점이 될 것이다.

그동안 방문진료는 좋은 의사의 봉사, 헌신으로 여겨졌다. 이제는 국가가 그 선택을 제도화하고, 구조적으로 지원하는 시스템을 만들고 있다.

내일의 통합돌봄이 작동하려면 의료는 병원을 벗어나야 하고, 의사는 환자의 삶 속으로 들어가야 한다. 방문진료는 그 변화의 시작점이며, 법과 제도가 준비하고 있다.

> - 주민들이 살던 곳(자기 집이나 그룹 홈 등)에서 개개인의 욕구에 맞는 서비스를 누리고 지역사회와 어울려 살아갈 수 있도록 주거, 보건의료, 요양, 돌봄, 독립생활지원이 통합적으로 확보되는 지역주도형 사회서비스정책

지역통합돌봄법과 방문진료: 제도화 이후 현장 연계의 방향

– 재가복지·방문간호와 함께 그려가는 방문진료의 현실적 연대

노쇠, 장애, 질병 등으로 병원 내원이 어려운 이들은 복합적인 서비스를 동시에 필요로 한다. 하지만 기존 체계는 장기요양은 요양등급 수급자만, 방문진료는 외래 중심의 만성질환 환자에만, 방문간호는 제도적 제약 속에서 파편적으로 제공되어 왔다.

하지만 건강이 약해진 고령자는 복잡하게 나눠진 제도보다 한 사람의 삶을 함께 책임지는 통합형 돌봄이 필요하다.

방문진료는 어떤 역할을 해야 하나.

1. 의료를 연결하는 중심축으로의 재배치
   - 방문진료는 의료-요양-일상지원 간의 중심점 역할을 해야 한다.
   - 방문진료 의사는 지역 사례회의의 핵심 멤버로 참여해야 하며, 돌봄 서비스 조정자(코디네이터)와의 직접 커뮤니케이션 체계 확보가 필요하다.
   -

2. '촉탁의' 모델을 넘어, 지역 주치의 팀으로 확대
   - 주야간보호·요양시설의 촉탁의 역할을 지역 방문진료 협력의사 그룹 중심으로 조직화한다.
   - 지역 보건소, 방문간호센터, 재가노인지원센터와 협업-상담-의뢰-재진료가 가능한 구조로 진화해야 한다.
   -

3. 방문간호·간병서비스와의 실질적 연결 강화

- 간호사, 요양보호사, 복지사의 비의료적 감지 정보가 의료로 전달되어야 한다.
- 질병을 조기에 파악하고 약물관리, 퇴원 후 회복 추적을 한다.
- 이를 위해 이용자 1인 중심 다직종 공유 기록체계가 필수다.

재택의료센터의 숫자가 절대적으로 부족하다. 의원급 방문진료 중심의 민간 네트워크 조직이 필요하다. 보건-복지-요양-의료 통합 사례회의 의무화 및 지역 자원을 연계해야 한다. 기관 간 연계가 부족한데, 재가노인지원서비스센터를 지자체 수행기관으로 지정하여 컨트롤 기능을 부여한다. 보건소나 지자체는 민간 방문의료기관에 공공 위탁 수가 및 행정 지원을 제공한다. 의료 연계 사각지대 해소를 위해 방문진료팀 내 연계 간호사 또는 케어코디네이터를 배치한다.

현장의 간호사와 복지사, 시설 종사자들은 말한다. 방문진료가 없으면, 서비스는 끝난 것이나 다름없다고. 방문진료는 단지 병원에 못 가는 환자만 위한 것이 아니다. 돌봄이 단절되지 않도록, 환자의 삶을 이어주는 의료의 마지막 끈이자, 지역 통합돌봄의 출발점이다.

방문진료와 재정개편: 돌봄보험 전환 논의와의 연결
– 지속 가능한 방문진료를 위한 새로운 재정 구조의 제안

통합돌봄과 재택의료

영역	포용적 복지의 영역		
	소득 보장	건강·의료 보장	돌봄 보장
주요 정책	기초연금 장애인연금 아동수당 기초생활보장 확대 사회서비스 일자리 확대	건강보험 보장성 강화 치매국가 책임제 (방문건강) (방문의료)	발달장애인 생애주기 종합대책 (주거지원) (장기요양) (식사배달 등 재가서비스) …

지역사회통합돌봄

● 주민들이 실던 곳(자기 집이나 그룹 홈 등)에서 개개인의 욕구에 맞는 서비스를 누리고 지역사회와 어울려 살아갈 수 있도록 주거, 보건의료, 요양, 돌봄, 독립생활지원이 통합적으로 확보되는 지역주도형사회서비스정책

    2025년 5월, 국회에서 열린 「장기요양보험에서 돌봄보험으로 전환을 꿈꾸다」 토론회에서 초고령사회 대응을 위한 돌봄재정 개편과 통합방안이 논의되었다. 돌봄 수요는 폭발적으로 증가하는데, 재정은 분절되고, 서비스는 중복된다. 이 문제를 해결하기 위한 하나의 대안으로 '돌봄보험' 개념이 등장했다.

    노인 돌봄서비스는 건강보험(요양병원), 장기요양보험(요양시설/방문요양), 지자체 복지사업(노인맞춤돌봄 등) 등 재정의 출처와 수급 체계가 모두 분산되어 있다.

    요양병원에 의료적 필요 없이 입원하는 사회적 입원 문제가 발생하고, 요양시설-재가서비스-의료서비스 간 연계는 비효율적이고 중복 작동한다. 요양병원 입원 환자 중 약 27%는 사회적 입원으로 추정되며, 연간 약 5.5조 원의 건강보험 지출이 된다.

'돌봄보험'이란 무엇인가?

돌봄보험은 요양병원, 장기요양, 지자체 돌봄예산을 하나로 통합한 구조다. 돌봄이 필요한 사람에게 통합된 수급권을 부여하고, 그에 맞는 서비스를 지역에서 설계한다. 방문진료, 방문간호, 재가요양, 이동지원, 주거개선, 주야간보호 등 다양한 서비스를 하나의 체계에서 설계하고 분배하는 시스템이다.

방문진료는 돌봄보험 체계에서 어떤 역할을 할 수 있는가?

1. 장기요양보험의 한계를 보완하는 '의료의 창' 역할

현재 장기요양은 신체활동 중심이지만, 복합질환 환자에게는 의사의 개입이 필요하다. 방문진료는 재가환자의 의학적 위험을 조기에 발견하고, 불필요한 병원 입원과 급성기 악화를 방지한다.

2. 지역 기반 통합설계의 실현 도구

돌봄보험의 핵심은 지역사회 내 다양한 돌봄을 설계하고 실현하는 구조다. 방문진료는 단순한 의료행위가 아니라 서비스 설계의 조율자(coordinator)로 기능할 수 있다.

3. 예방적 재정 효율화 가능

사회적 입원, 응급실 재입원, 낙상·욕창 등 예방 가능한 상황을 현장에서 중재함으로써 보험 재정 지출 억제 효과를 유도할 수 있다.

이를 위한 정책을 제안한다. 지속 가능한 방문진료 재정을 위한 조건이다.

1. 수가체계를 개편한다. 단순 진료행위 중심에서 지역 기반 사례

관리 수가로 전환이 필요하다.
2. 지자체 연계를 강화한다. 돌봄보험에서 방문진료 기관을 지자체 위탁 기반 공공협력체계로 편입한다. 지자체의 중재로 돌봄/복지 서비스가 강화될 것이다.
3. 사례기반 재정 모델 도입이 필요하다. 정기적 방문을 위해 월 정액 지불 구조를 만드는 것도 좋다. 여기에 방문진료+방문간호+재가돌봄을 조합한다.
4. 의료기관의 유입을 위해 병원 입원 감소, 응급실 이용 억제 성과 기반으로 수가 인센티브 구조를 만든다.

방문진료는 가치 있는 진료지만 의사의 참여가 낮다. 방문진료가 지속 가능한 진료가 되어야 한다. 재정 통합이 방문진료의 지속 가능성을 지킨다. 재정이 흩어져 있으면, 방문진료는 따로 도는 바퀴가 된다.

돌봄보험 체계는 방문진료가 보건, 복지, 요양을 아우르는 의료의 중심축이 될 수 있는 구조를 만든다. 이제 방문진료도 보험 설계 안으로 들어와야 한다. 그럴 때; 의료는 다시 돌봄을 품게 될 것이다.

1부. 방문진료, 그 이름의 부활

1장. 왕진에서 방문진료까지 - 그 변화의 궤적

 의료 제도가 미흡한 지역이나 환자가 병원을 찾기 어려울 때, 의사가 가정으로 환자를 찾아가는 것을 왕진(往診, house call)이라 한다.
 왕진이라 불리던 진료 방식은 병원이 대중화되기 전, 의료의 기본 형태였다. 아기가 태어날 때도, 노인이 숨을 거둘 때도 의사는 환자의 집을 찾았다. 병으로 사람을 움직이는 것이 아니라, 의사가 병을 찾아갔다.
 왕진이 줄어든 데에는 여러 이유가 있다. 도시화와 함께 동네마다 병원이 세워졌고, 병원 중심으로 의료기술이 발전하면서 집에서는 할 수 없는 진료가 많아졌다. 동시에 의료 수가 체계는 외래와 입원 중심으로 설계되었고, 진료 효율성이 강조되면서 왕진은 점차 사라졌다.
 언제부턴가 왕진은 과거의 낭만이 되었고, 현실에서는 볼 수 없는 진료가 되었다. 고령화와 만성질환의 시대가 오면서 이야기는 달라졌다. 병원에 가기 어려운 사람들이 많아졌다. 움직일 수 없는 환자를 병원에 데려가는 것은 힘든 일이다. 그래서 의료가 다시 찾아가는 방향으로 움직이기 시작했다. 우리는 그것을 방문진료라 한다.
 방문진료는 과거 왕진의 부활이 아니다. 의사 단독 진료가 아닌, 간호사와 사회복지사가 함께하는 팀 기반 진료다. 과거의 왕진이 급성질환 중심이었다면, 오늘날 방문진료는 만성질환, 호스피스, 장애인 케어 등 지속적 돌봄이 필요한 환자를 대상으로 한다. 치료 외에 사회복지 서비스도 연계된다.

왕진에서 방문진료까지. 그 궤적은 단절이 아니라 순환일지도 모른다. 기술이 발전하고 의료가 복잡해질수록, 오히려 환자의 삶 가까이에서 진료하려는 본능은 되살아난다. 진료의 본질은 누구를 향해 가느냐에 있다.

- 병원을 중심 의료가, 다시 사람을 중심으로 되돌아가고 있다 -

2장. 의료는 왜 집으로 돌아와야 했는가.

　병원은 생명을 구하는 공간이다. 그러나 병원이 치유의 공간인 것은 아니다. 침대가 줄지어 놓인 병실, 쉴 새 없이 울리는 알람 소리, 분주히 오가는 의료진과 제한된 면회 시간. 병원은 효율적 치료 공간이지만, 많은 환자에게 낯설고 불편한 공간이다.
　특히 고령 환자, 중증 만성질환자는 병원에 입원한 후 오히려 건강이 나빠지는 경우도 있다. 병원 치료가 문제라기보다 낯선 환경에 대한 스트레스, 운동량 감소, 수면 부족, 병원 내 감염 등은 오히려 회복을 방해하는 요소가 된다.
　집에서는 혼자 걸을 수 있었던 사람이 병원에선 침대에 누워있고, 식욕이 떨어지며 퇴원 후에 이전 상태로 돌아가지 못하는 일이 벌어진다. 병원은 치료를 위한 공간이지만, 사는 공간은 아니다.

　의료가 다시 집으로 돌아가야 하는 이유는 분명하다.

　첫째는 삶의 질 문제다. 누구나 병이 들면 익숙한 공간에서, 가족과 함께하기를 원한다. 집에서 맞이하는 죽음은, 병원보다 덜 외롭고 인간적이다. 특히 생의 말기 환자에게 병원의 인공 환경은 불필요한 고통을 더

할 수 있다.

둘째는 의료접근성 문제다. 몸이 불편한 사람, 거동이 어려운 노인, 장애가 있는 사람은 병원에 가는 것 자체가 고통이다. 의사가 환자를 찾아가는 것이, 당연한 배려이며 현실적인 의료 제공 방식이 된다.

셋째는 돌봄의 연속성 문제다. 병원에서는 진료의 단편을 보여줄 뿐, 환자의 일상은 집에 있다. 진료실 안에서는 환자의 약 복용, 식사 습관, 낙상 위험을 제대로 파악하기 어렵다. 그러나 의사가 환자의 집을 방문하면 약복용 확인, 냉장고 안의 음식, 욕실의 손잡이 하나까지 환자의 삶이 고스란히 진료 정보가 된다.

방문진료는 삶 속에서의 진료가 가능하다.

의료는 기술이 아니다. 관계이고, 맥락이고, 공간이다. 집으로 돌아오는 의료는 과거로의 회귀가 아니라, 미래 의료로 가는 길이다. 인간적인 방식으로, 인간적인 공간에서 이루어지는 진료. 그것이 바로 방문진료의 본질이다.

3장. 병원 밖에서 이뤄지는 진료란 무엇인가

　진료는 보통 병원에서 이뤄진다고 생각한다. 진료실 공간에서 의사는 책상 너머에 있고, 환자는 반대편에 앉는다. 증상을 묻고 진단을 내리고 처방한다. 효율적이고, 표준화된 시스템에서 진료는 정해진 틀을 따라간다.

　의사가 진료실 문을 열고 밖으로 나오는 순간, 그 틀은 무너진다.

　병원 밖의 진료는 예측 불가능하다. 환자는 바닥에 누워있을 수 있다. 찢어진 벽지, 먼지 낀 약봉지, 재떨이 그리고 보호자의 힘겨움까지. 병원 밖에서 이뤄지는 진료는 공간만 바뀐 것이 아니라, 치료 관점이 바뀌는 일이다.

　병원 밖의 진료는 사람을 만나는 일이다. 의사는 환자의 병뿐 아니라, 삶을 본다. 의사의 한 마디가 보호자의 안도감이 되고, 청진의 손길이 환자에게 위로가 된다. 병원에서는 차트가 중요하지만, 가정에서는 냄새와 온기, 눈빛과 표정이 진료 정보가 된다.

　병원 밖의 진료는 돌봄에 가깝다. 대부분의 방문진료 환자는 진단이 끝난 만성 환자다. 당뇨, 고혈압, 치매, 뇌졸중, 암 말기 등 진단 및 급성기 치료가 끝난 뒤의 관리와 돌봄이 핵심이다.

　따라서 병원 밖의 진료는 정답을 찾고 적극적인 치료를 하는 것보다 환자 곁에 머무르는 일에 가깝다. 급성기 병원의 분주함과는 결이 다르다.

의사의 역할도 달라진다. 병원에서는 권위를 가진 전문가이지만, 집에서는 아들 같고, 친구 같고, 때로는 가족처럼 받아들여진다.

의정부 직곡로 이00 환자는 필자를 양아들이라 한다. 간호사는 수양딸이다. 금연 의지가 있어 니코틴 패치를 처방하지만, 진료실의 딱딱한 분위기는 없다. 진료 행위는 있지만 맥락과 감정의 밀도는 완전히 다르다.

병원 밖에서 이뤄지는 진료는 치료만을 목표로 하지 않는다. 그것은 함께하는 시간이며, 인간다운 죽음을 가능하게 하는 도구이며, 삶의 마지막까지 환자의 공간을 지키는 시도다. 진료는 반드시 병원에서만 이루어져야 하는가. 오히려 병원 밖에서 이뤄지는 진료가 진짜 사람을 만나는건 아닐까?

4장. 돌봄과 진료의 교차점

진료는 의학적 판단과 개입을 기반으로 한다. 병명을 규정(진단)하고, 그에 따라 치료 계획을 세우고 약을 처방하거나 시술한다. 이성적이고 논리적인 과정이다. 반면 돌봄은 감정과 관계에 기반한다. 식사를 챙기고, 몸을 닦아주고, 곁에 있는 일. 그것은 기술이 아니라 태도다.

진료와 돌봄은 다른 영역처럼 보이지만, 환자의 집에 들어선 순간 이 둘은 명확히 나뉘지 않는다. 오히려 경계가 흐릿해진다.

집에 누워있는 90세 환자의 혈압약을 조절하는 것이 진료라면, 처방받은 약을 실제로 복용하는지 확인하는 것은 돌봄이다. 욕창 부위에 드레싱을 하는 것이 진료라면, 고통스러워하는 환자의 눈을 마주치는 것은 돌봄이다. 피를 뽑는 것이 의학이라면, 피를 뽑는 손을 잡는 건 마음이다.

방문진료 현장에서는 이런 교차가 끊임없이 일어난다. 의사라는 이름으로 환자 앞에 있지만 때로는 보호자의 하소연을 들어주는 상담자, 불안한 눈빛을 어루만지는 위로자, 혹은 외로움을 나눌 친구가 되기도 한다.

돌봄 없는 진료는 공허하고, 진료 없는 돌봄은 위험하다. 특히 고령 환자나 중증 만성질환자의 경우, 둘 중 하나라도 빠지면 환자는 쉽게 무너진다. 정확한 진단과 좋은 약만으로 해결되지 않는다. 따뜻한 말 한마디,

식사와 운동에 대한 조언, 고개를 끄덕이는 태도가 환자에게 큰 힘이 되기도 한다.

의료는 기술 중심으로 발전했다. 정밀검사와 인공지능, 로봇 수술과 유전자 편집 등. 하지만 그 정점에서 다시 등장한 것이 돌봄이다. 방문진료는 돌봄의 또 다른 이름이다.

"진료가 치료 기술이라면, 돌봄은 사람과 사람 사이의 교감이다."

방문진료는 치료와 돌봄의 경계가 교차하는 지점에 있다. 치료와 정서, 판단과 태도, 처방과 관심이 뒤섞이는 인간 존중의 공간이 된다.

재택의료란?

- **환자의 가정에서 수행되는 진료활동**
- 아픈 사람이 병원을 찾는 것이 바람직한가?
- 후기고령자 임상양상: 극심한 피로, 식욕부진, 보행저하, 통증, 섬망, 구역/구토/변비/설사, 탈수, 호흡곤란, 우울

- **왕진 vs 방문진료**
- 가정방문 일차의료(Home-Based Primary Care)?
    1) 의사가 직접
    2) 환자의 집으로 방문
    3) 연속적 진료를 수행할 것
    4) 다학제적 팀과 포괄적 돌봄을 제공할것

(Agency for Healtcare Research and Quality, 2016)

5장. 고령화와 만성질환 시대의 필연

2025년, 대한민국은 65세 이상 인구 비율이 20%를 넘긴 초고령사회에 진입했다. 기대수명은 늘었지만 건강하게 사는 시간, 건강수명은 기대수명을 따라가지 못한다. 오래 살지만, 병든 채로 사는 시간도 길어진 것이다. 이는 삶의 질 저하, 가족과 사회의 부담이 된다.

고령화는 필연적으로 만성질환 증가를 동반한다. 고혈압, 당뇨, 퇴행성 관절염, 치매, 뇌혈관질환, 암 등은 관리 대상이다. 완치를 기대하기보다 악화를 늦추고 삶의 질을 유지하는 것이 목표다. 이때 중요한 전략은 병원 중심이 아닌, 생활 중심의 의료, 방문진료다.

거동이 불편한 환자의 정기 외래 방문은 힘들다. 특히 와상 환자, 치매 환자, 말기 암 환자는 병원에 가는 길 자체가 모험이자 고통이며, 보호자에게는 물리적·심리적·경제적 부담이다. 이런 환자에게 의사가 가정으로 찾아간다. 방문진료를 경험한 사람은 너무 편하다고 한다.

만성질환자는 다양한 질환을 가진 경우가 많다. 치매와 고혈압, 당뇨, 관절염을 동시에 앓고 있는 의정부동 김00 환자는 3곳의 의원에서 보호자 대리 처방으로 약만 받는다. 각 진료과가 다르고 약은 복잡하다. 중복된 약도 있다. 환자·보호자와 충분히 대화를 나눈 후 중복 약물을 조절했다.

진료실에선 환자의 일상이 보이지 않는다. 대리처방 시 환자의 증상과 약 복용에 괴리가 생긴다. 방문진료는 가정에서 약 복용 실태, 식사 상태, 운동 여부, 낙상 위험까지 관찰하고 관리할 수 있는 의료 방식이다.

고령 환자는 의학적 개입만으로 충분하지 않다. 고독감, 사회적 단절, 경제적 곤란 등도 진료 대상이 되어야 한다. 고령화가 심화될수록 의료는 단순 병 치료를 넘어 삶을 돌보는 의료로 전환되어야 하며, 그 중심에 방문진료가 있다.

고령화와 만성질환의 시대에 방문진료는 선택이 아니라 필수 의료다. 과거로의 회귀가 아니라, 변화한 사회 구조에 가장 현실적이고 인간적인 대응이다. 지금 우리는 의료 패러다임이 바뀌는 시대를 살고 있다.

6장. 팬데믹 이후, 다시 불붙은 재택의료

코로나19 팬데믹은 전 세계에 충격을 주었다. 병원은 집단 감염 위험이 높은 곳으로 인식되었다. 환자들은 병원을 피했고, 의료진 역시 비대면 진료와 감염 예방에 비중을 두었다. 이런 변화 속에서 재택의료, 방문진료가 주목받기 시작했다.

팬데믹은 물리적 거리만 요구한 것은 아니다. 진료 방식 자체를 재설계하도록 했다. 고위험군인 노인, 만성질환자, 면역 저하 환자들이 병원에 가는 것이 아니라, 의료가 그들의 공간으로 가야하는 필요성이 명확해졌다. 이제는 방문진료가 필수의료로 떠오른 것이다.

특히 요양병원, 요양원, 공동생활가정 등에서 코로나 집단 감염이 발생하면서 시설 중심의 의료 모델에 대한 회의가 생겼다. 병상이 아니라 집이 더 안전할 수 있다는 역설적인 사실이 증명된 것이다.

이런 일련의 과정에서 의료진이 환자의 자택을 방문하여 증상을 확인하고, 약을 처방하고, 필요한 경우 병원으로 연계하는 방문 기반 통합 진료 모델의 효과가 다시 평가받았다.

또한 팬데믹은 디지털 헬스케어의 발전을 가속시켰다. 원격진료, 건강 모니터링 앱, 비대면 처방 시스템, 스마트 AI간병 시스템 등이 도입되면서, 방문진료와 결합 가능성도 커졌다.

의사가 직접 방문하지 않아도 간호사가 현장에서 환자 상태를 확인하고, 필요한 경우 원격으로 주치의와 연결하는 하이브리드 모델을 고려할 수 있다. 방문진료는 단순 감염 예방을 넘어, 지속 가능하고 효율적인 진료 방식으로 진화 중이다.

팬데믹은 의료의 많은 것을 바꾸었다. 사람이 병원에 찾아가는 것에서 의료가 사람에게 다가가는 방식. 패러다임 전환을 실현하는 대표적인 방식이 방문진료이며, 팬데믹 위기 속에서 강제로 조명된 가능성이었다.

팬데믹은 방문진료의 부활이 아니라, 재택의료의 정당성을 알렸다. 방문진료의 필요성은 계속 될 것이다. 앞으로의 의료는 이동이 아니라 접근성, 시설이 아니라 삶의 공간, 병상이 아니라 일상 속 의료로 나아가야 한다.

"방문진료는 변화의 전초기지다."

7장. 방문진료를 가능케 한 제도적 변화

의료는 단지 의사와 환자의 만남으로 이뤄지지 않는다. 제도와 수가, 법적 기준과 행정 시스템이 조화롭게 뒷받침되어야 지속 가능해진다.

방문진료도 마찬가지다. 오랜 시간 동안 왕진은 제도 기반 없이 의사 개인의 희생과 봉사 정신에 의존해왔지만, 최근에는 제도권 의료로 편입되기 위한 여러 가지 변화가 생겼다.

첫 번째 변화는 방문진료 건강보험 수가 신설이다. 2019년 12월 27일 시작된 일차의료 방문진료 수가 시범사업이 그 시작이다. 거동이 어려운 환자에게 의료 접근성을 높였다. 의원, 병원도 참여하여 의료서비스 범위를 넓히고, 본인 부담금 감소로 경제적 부담을 줄였다.

두 번째는 2022년 장기요양 재택의료센터 시범사업이다. 장기요양 수급자의 지역사회 계속 거주를 위해 의료와 간호서비스를 제공하면서 지역사회 자원과 연계한다. 장애인 건강주치의 시범사업(2019년)으로 중증장애인에게 지속적, 포괄적 건강관리 서비스를 제공한다. 치매관리 주치의 시범사업(2023년)도 실시 중이다.

세 번째는 지역사회 통합돌봄 정책이다. 커뮤니티케어(Community Care)는 요양, 주거, 의료, 돌봄이 연계된 지역 단위 통합 복지 모델이다. 장기요양 보험(2008년)으로 요양-돌봄은 충분하다. 지역사회 통합

돌봄 정책에서 방문진료는 필수다. 병원 밖 진료를 넘어, 주거·복지·건강관리와 연결되는 의료가 요구되며, 그 실현 경로가 방문진료다.

네 번째는 정보통신 기술과 결합이다. 비대면 진료의 제한적 허용, 클라우드 EMR, 모바일 수납 시스템 등의 보급은 방문진료 진입 장벽을 낮추는 데 기여했다. 의사는 진료 현장에서 스마트 기기로 진료기록, 처방, 청구, 수납까지 가능하다. 디지털 기반 행정 효율성은 누구나 방문진료를 할 수 있는 핵심 기반이다.

하지만 갈 길은 멀다. 낮은 의료 수가로 의사 참여가 부족하고, 의료사고 책임 범위는 불분명하며, 1인 의료기관의 인력 부족 문제는 제도만으로 해결되지 않는다. 그렇지만 제도는 움직이고 있다. 이제 방문진료는 개인의 선택이 아니라, 국가 정책의 일부로 제도화되는 중이다.

의료는 제도와 함께해야 지속 가능하고, 방문진료도 그렇다. 의사 개인의 선의에만 의존하는 것은 부족하다. 제도의 진화는 현장의 변화로 이어진다. 그 변화는 오늘도 누군가의 집 앞에 도착한 진료가방 안에서 실현된다.

8장. 외국의 왕진 부활 사례 - 일본, 영국, 독일, 미국

왕진은 한때 일반적인 진료 방식이었다. 산업화와 병원 중심 의료로 대부분 사라졌다. 하지만 왕진이 방문진료(Home Visit) 또는 재택의료(Home Care Medicine)라는 이름으로 부활하고 있다. 일본, 영국, 독일, 미국은 한국보다 먼저 고령화를 경험하고, 그 해법으로 왕진을 제도로 도입한 나라들이다.

환자와 가족이 말하는 방문진료의 효과는 병원 이동, 대기 시간의 감소, 교통 부담 완화, 집에서 진료를 봄으로 정서적 안정, 가족의 삶의 질 향상, 만성질환 모니터링, 복약 지도, 건강 교육 등 지속적 관리가 가능해진 점, 위기 상황에서 대응 가능, 돌봄 부담 감소, 간병법 교육 및 심리적 안정감 제공 등이다.

1. 일본: 왕진 중심의 재택의료 모델

일본은 초고령사회에 맞춰 왕진(의사 가정방문 진료)을 중심으로 한 지역밀착형 재택의료 시스템을 발전시켰다. 일본의 왕진은 약물 관리, 상처 치료, 생체징후 모니터링, 가족 교육까지 포괄하는 통합형 서비스다. 주로 지역 클리닉, 개원의를 중심으로 시행하며 정기 방문과 응급 출동을 병행한다. 말기 환자에 대한 완화의료, 재택 호흡기 치료 등을 포함한다.

의사-간호사-사회복지사-재활치료사 등 다직종 협력 기반으로 운영한다. 병원 방문이 어려운 환자에게 지속적 치료를 제공하며, 병원 입원률과 비용을 줄이고, 환자의 자율성과 편안함을 증가시켰다.

일본은 단순 방문진료가 아닌, 24시간 대응 가능한 '재택진료기관(在宅療養支援診療所, Zaitaku)' 제도를 만들어, 환자와 가족이 집에서 생을 마무리할 수 있도록 지원한다. 그 결과 환자와 가족의 삶을 존중하는 자택 임종률 20% 이상을 달성했다.

2. 영국: NHS 기반의 팀 중심 방문의료

영국은 NHS(국민보건서비스)를 기반으로 한 공공 중심 재택의료가 운영된다. 일반의(GP)를 중심으로 한 지역 건강팀이 정기 방문 또는 응급 호출에 따라 의료진을 집으로 보내는 시스템이다.

만성질환자, 고령자, 장애인, 요양환자 등을 대상으로 하며, 약물 조절, 상처 관리, 급성 증상 치료, 재활, 완화의료 등을 한다. 이로써 병원 감염위험 감소, 병원 부담 완화 등 환자와 가족 만족도가 높다.

의사-간호사-사회복지사-재활전문가 등 팀 기반으로 협업해서 운영한다. 원격 영상 상담, 앱 기반 모니터링 등 디지털 기술과 연계해 효율을 높인다. 영국 모델은 환자 삶의 질과 지역 의료 효율성 모두를 높이는 대표 모델로 평가받는다.

3. 독일: 통합형 재택 건강관리

독일은 'Hausarzt'(가정의) 중심의 포괄적 방문 진료가 정착되어 있다. 가정의와 팀이 정기적 또는 긴급 방문을 수행하며 의료 뿐 아니라 정서적, 사회적 지원까지 통합 제공한다.

　운영 주체는 지역 의료 협회, 공공의사, 민간 재택의료기관이며, 진단, 상처·호흡 치료, 재활, 완화의료, 가족 교육 등을 실시한다. 전자기록, 원격진료, 이동형 장비 등 기술을 활용한다.

　의료 취약지역이라 생각되는 농어촌에서도 균형있게 운영한다. 예방 중심으로 접근을 확대 중이다. 독일형 방문진료는 의료 접근성 향상, 병원 이용 효율화, 가족 돌봄 부담 경감에 기여한다.

　독일은 노인요양시설, 재가노인, 중증장애인, 말기 환자를 대상으로 하는 '모바일 헬스팀(Mobile Pflege-und Ärzteteams)'을 지역 단위로 운영한다. 지방 정부와 보험기관이 재정을 부담하고, 병원과 1차 의료기관이 공동으로 인력을 공급한다.

　독일은 방문진료 전용 전자차트 시스템을 국가 차원에서 통합 관리하며, 모든 방문기록은 환자의 전자건강기록과 연동된다. 이로 인해 의료의 연속성과 책임성이 확보되는 구조다.

4. 미국: 민간 중심의 맞춤형 방문의료 서비스

　미국은 민간 의료기관과 보험사 중심의 다양한 홈케어 및 방문형 Primary Care 모델이 병행된다. 메디케어/메디케이드, BAYADA, VNA, 민간 보험사 등이 관여한다.

　대상 환자는 노인, 만성질환자, 수술 후 회복기, 말기 환자 등이다. 정기 방문 + 원격진료 병행하며 의사·간호사·재활치료사·사회복지사가 팀 기반으로 협력한다.

　의료비가 비싼 미국에서 재입원 감소, 비용 절감, 포괄적 건강관리가 가능한 것은 큰 장점이다. BAYADA와 VNA의 협력 모델은 민간과 비영리기관의 자원 통합, 전자기록과 원격상담 연계를 통해 환자 맞춤형 방문진료를 구현한 사례다.

재택의료는 시스템이자 돌봄 언어다. 해외 재택의료 모델은 의사 방문진료를 단순한 진료 행위가 아닌 환자의 삶과 죽음을 아우르는 동행의 구조로 발전시켜 왔다. 공통된 핵심은 다음과 같다. 환자 중심의 통합돌봄, 팀 기반의 전문적 협업, 디지털 기술의 연계 활용, 지속 가능한 정책 및 재정 모델이다.

한국의 통합돌봄 정책이 이들과 연결되려면, '병원에서의 치료'만이 아닌, '삶의 자리에서의 진료'를 제도화하는 기반이 마련되어야 한다. 병원만이 의료의 중심일 수는 없다. 환자의 집이야말로, 치료와 돌봄이 필요한 곳이다.

9장. 방문진료가 필요한 이유 – 환자와 가족의 목소리

진료의 필요성은 통계나 제도보다 환자와 가족의 목소리에 나타난다. 어머니를 모시고 병원에 가는 것이 힘들었는데, 의사/간호사가 찾아오니 얼마나 편한지 모른다는 말을 자주 듣는다. 방문진료는 환자의 삶을 지키는 방식이며, 가족 돌봄의 무게를 덜어준다.

뇌졸중 후유증으로 누워계신 85세 어르신을 진료하러 갔다. 자녀는 어머니를 병원으로 데려가느라 휴가와 병가를 썼고, 병원에 다녀오면 환자도 자녀도 탈진했다. 병원에 한번 다녀오면 아무것도 못했고, 집에서 진료 받으니 쉴 수 있을 것 같다고 한다.

치매 환자의 아들은 이렇게 말했다.

'어머니는 병원이란 낯선 환경에서 혼란을 겪고 대소변 실수를 한다. 병원에 다녀오면, 일상으로 돌아오는 데 며칠이 걸린다. 병보다 병원 환경이 더 무섭다. 집에서 진료를 받으니 너무 좋다고.'

방문진료를 받는 환자는 사람답게 살기 위해 의료가 필요하다고 한다. 그들에게 병원은 치료 공간이지만 부담의 공간이기도 하다. 기다림, 이동, 낯섦, 비용, 동행인의 희생. 그 모든 부담을 감내하는 일이 병보다 힘겹게 느껴지는 것이다.

보호자들은 말한다.

"병원이 너무 멀어요" 실제 병원은 가깝지만, 구급차를 부르거나 승용차에 태우는 것이 힘들기 때문이다.

"차에 태우는 것도 전쟁이에요" 몸이 굳은 경우도 많아 승하차에 어려움이 많다.

"병원에 다녀오고 나면 오히려 아파져요" 환자도 힘들지만 보호자도 그렇다.

이런 목소리는 방문진료가 단순히 집에서 받는 진료 이상의 의미임을 알려준다. 환자의 일상을 존중하는 진료, 가족의 무게를 나누는 진료, 사람과 사람 사이의 연결을 회복하는 진료다.

방문진료는 필요에서 시작되었다. 의료는 삶을 지탱하기 위한 것이며, 삶이 집 안에 있다면 의료도 집으로 가야 한다. 환자와 보호자의 목소리는, 그 단순한 진실을 알려 준다.

10장. 왕진이 멈췄던 시절, 그리고 남겨진 공백

왕진은 과거 의료의 표준이었다. 도시든 농촌이든, 환자가 아프면 의사가 집으로 갔다. 감기 몸살이 난 할아버지는 이불을 덮은 채 진료를 받았고, 할머니는 심장이 아프다며 의사를 불렀다. 왕진은 공동체의 일상이자 기억이었다. 그러나 산업화와 도시화, 병원 중심 의료 체계가 자리 잡으면서 왕진은 사라졌다.

1977년 국민건강보험 도입과 함께 의료기술이 병원에 집중되면서 외래 진료가 표준이 되었다. 의사 입장에서 왕진은 시간/노력 대비 수익이 낮고 비효율적이었다. 왕진에 대한 수가 지원이 부족해 경제적 동기도 낮았고, 교통 발달로 환자들이 병원에 가는 것이 수월해졌다.

이런 이유로 왕진은 사라졌고, 제도 안에서 기능도 중단되었다. 왕진은 옛날이야기 속 풍경으로만 남았다. 그렇게 왕진이 멈춘 자리에, 의료 공백이 생기기 시작했다. 그 공백은 누구에게도 보이지 않았다. 병원에 올 수 없는 사람은 통계에 잡히지 않았기 때문이다. 환자가 없었다가 아니라 올 수 없었던 것이다.

누워 있는 노인, 휠체어를 탄 장애인, 중증 치매 환자, 말기 암 환자. 이들은 병원에 오는데 많은 비용과 체력이 필요하고, 결국 진료의 사각지대에 놓였다. 그들의 고통은 기록되지 않았고, 보호자들의 부담은 개인의 문제가 되었다. 이들은 시스템 밖에 있었고, 시스템은 그 사실을 외면했다.

의사가 방문을 멈춘 건 진료 중단이 아니라, 삶의 마지막 10년이 의료로부터 단절되는 순간이다. 돌봄은 있지만, 진료는 없다. 약은 있었지만, 확인은 없었다. 많은 환자가 제대로 된 치료 없이 집에서 요양원에서 조용히 삶을 마감했다.

왕진이 멈췄던 시절은 진료의 공백이었다. 그 시간 동안 고통의 무게는 가볍지 않다. 그렇기에 방문진료의 부활은 단순한 복귀가 아니라, 놓쳐버린 시간을 복구하는 의학적 복원작업이다.

[헬스경향 칼럼 노동훈 원장의 사례로 본 재택의료 1탄]
길 위의 스승 '쿠팡맨'에게 방문진료를 배우다

의과대학 예과 2학년이던 2000년. 여름방학을 맞아 군 동기(공군 병 497기) 정동식을 만나러 고려대학교에 갔다. 고려대학교 사회학과에 재학 중인 정동식은 제대 후 재수할 때도 자주 만나 고민을 나눴던 전우였다. 대구에서 아토스(당시 국민차)로 경부 고속도로를 타고 무작정 서울로 향했다. 한강을 건넌 후 긴 터널을 지나 청계 고가도로를 거쳐 도로 표지판을 보고 힘겹게 고려대학교를 찾아갔다. 당시엔 네이버 지도와 내비게이션이 없었다.

철없는 20대 초반에는 택시기사님들의 노고를 알지 못했지만 서울과 대구를 왕복하면서 운전이 힘든 것임을 알게 됐다. 2024년 2월부터 현재까지 13개월 운행한 차량의 주행거리는 7만km에 이르렀다. 월평균 5300km를 운행한 셈이다. 서울시의 2020년 조사에 따르면 택시는 하루 평균 240.2km를 주행한다고 한다. 필자는 주 6일 방문진료를 하니 24일로 나누면 하루 평균 224km가 된다. 주변에서 택시기사를 해도 되겠다는 말을 들었다.

방문진료 전 환자에 대해 논의하고 필요한 물품을 준비한다. 노트북과 휴대용 프린터, 카드 단말기의 충전 상태를 확인한다. 출발하면서 전화해서 도착 예정시간을 알려주고 목적지에 도착해 주차하고 진료를 한다. 이 과정을 반복한다. 필자의 주된 방문진료 지역은 서울, 의정부, 양주, 동두천, 연천, 포천, 파주, 남양주 등이다. 처음 가는 길, 특히 서울 강북지역과 의정부의 좁은 골목길은 주차가 어렵다.

방문진료를 하면서 쿠팡맨을 자주 마주친다. 설 명절 때 엘리베이터에서 쿠팡맨을 만났다. 우레탄 바퀴가 달린 녹색 끌차에 천장까지 닿을 듯한 선물을 싣고 있었다. 함께 엘리베이터에 탔던 여성은 쿠팽맨에게 수고가 많다고 했다. 쿠팡맨은 직장도 다녀보고 개인 사업도 했지만 쿠팡맨을 하는 지금이 행복하다고 했다. 몸은 힘들지만 일한 만큼 보상을 받고 개인 사업자와 직장인의 스트레스가 없다고 한다.

쿠팡맨의 대화에서 방문진료는 쿠팡맨과 유사점이 있다는 것을 깨달았다. 이마트로 대표되는 대형마트는 대학병원, 종합병원과 같고 필자처럼 방문진료하는 의사는 쿠팡맨과 같다는 생각이 들었다. 대한재택의료학회에서 발표할 때 방문진료는 쿠팡의사라는 말을 했다. 방문진료를 하는 분들은 동의할 것이다. 노트북과 휴대용 프린터, 의료기기 등을 들고 다니는 방문진료는 고달픈 면이 있다. 그럴 때마다 쿠팡맨을 생각하며 힘을 냈다.

폭우가 내리던 날 환자에게 쫓겨나 처마 밑에서 진료를 본 적이 있었다. 눈길에 차가 미끄러져 고생했던 경험도 했다. 1톤 트럭 가득 실린 택배 물건을 쿠팡맨은 어떻게 효율적으로 배송할까를 생각하면서 방문진료 동선을 최적화하고 업무 효율을 높이려 노력했다.

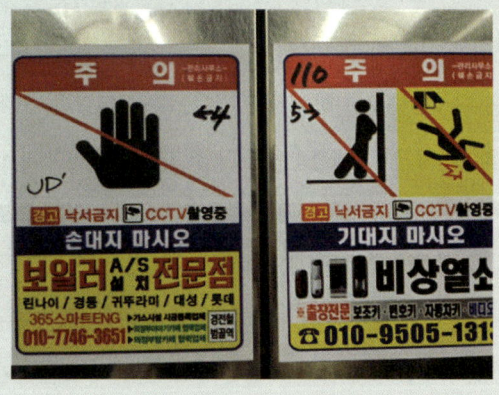

- 한 복도식 아파트 엘리베이터에 표시된 호수 라인 방향.-

처음 가는 복도식 아파트의 경우 1호 라인과 끝 라인을 찾기 어려워 잠시 헤매는 경우가 있었다. 이 문제를 해결한 것도 쿠팡맨 덕분이었다. 엘리베이터에는 위 사진과 같은 표식이 있었다.

엘리베이터를 중심으로 좌측은 1~4호 라인, 우측은 5호 라인이다. 긴 복도식이 아닌 타워형 아파트의 경우 좌측부터 1호가 있는 경우가 많았다. JD'라는 표식, NANAYA라는 것도 봤는데 이건 무슨 의미인지 모르겠다.

방문진료 시 또 하나의 어려움은 진료 중 차를 빼달라는 경우이다. 이때도 쿠팡맨의 주차를 관찰했다. 필자만의 노하우가 생긴 후 차를 빼달라는 전화가 줄었다. 쿠팡맨은 방문진료 의사 노동훈의 길 위의 스승이다.

공자는 '삼인행 필유아사(三人行 必有我師: 세 사람이 길을 가면 반드시 나의 스승이 있다)'라고 했다. 길위의 스승 쿠팡맨에게 방문진료를 배운다.

2부. 현장에서의 방문진료

11장. 나는 왜 방문진료를 시작했는가

처음부터 방문진료를 했던 건 아니다. 나도 병원이란 울타리, 진료실이란 공간에 익숙했다. 책상 위의 청진기, 컴퓨터 화면 속의 검사결과, 차트 안의 병명. 환자가 들어오고, 앉고, 증상을 이야기하고 나간다. 내가 배웠던 의료의 일상이었다.

9년간 운영하던 요양병원을 더 운영할 수 없었다. 가장 큰 이유는 나의 능력 부족이었다. 누적된 적자가 많았다. 하지만 잘 운영하는 병원도 있었다. 정부의 요양병원 차별 정책도 있지만, 그 정책은 모두에게 적용된다. 그러니 결국 나의 능력 부족으로 귀결될 수 밖에 없다.

요양병원은 다양한 직종의 인력이 필요하다. 의사, 간호사, 약사, 사회복지사, 방사선사, 임상병리사, 물리치료사, 보건의료정보관리사, 영양사, 조리원, 미화원 등. 다양한 직종의 사람이 모여 노인 의료, 고령자 의료를 목표로 하모니를 내야 한다. 하지만 그 부분에서 실패했다.

오랫동안 정부의 고령자 대책이 무엇일까 고민했다. 커뮤니티케어란 말이 있었지만, 감을 잡기는 어려웠다.

2008년 시작된 장기요양 보험. 장기요양 보험은 요양원, 주야간 보호, 방문요양 등 다양한 제도를 만들었다. 그리고 정부는 통합돌봄을 말한다. 의료-요양-돌봄을 촘촘하게 엮어 초고령사를 대비하려 한다. 그런데 의료가 빠져 있다. 나는 그 부분이 핵심이라 생각했다.

장기요양보험 등급판정위원을 했던 것도 계기가 되었다. 요양병원 폐업을 준비하며 일차의료 방문진료 시범사업을 준비했다. 의정부 시청의 담당 공무원을 찾아가 제도의 필요성을 설명하며, 시범사업에 참여할 수 있기를 요청했다.

시범사업에 선정 된 2023년 6월 방문진료를 시작했다. 하지만 좌충우돌의 연속이었다. 방문진료 영업을 하면서 전화 상담하고, 자택에 찾아가 진료를 봤다. 진료 후 의원으로 복귀해 진료 기록을 작성하고 처방한 후 처방전을 보호자에게 전달했다. 보호자 부재 시 우편함에 넣고 오기도 했다.

방문진료에 대한 확신이 부족했고, 원장이 모르는 일을 직원에게 강요할 수 없어 선택한 고육지책이었다. 그러던 어느 날 사고가 났다. 방문 진료 특성 상 운전을 많이 하는데, 운전하랴, 상담 전화 받으랴 정신이 없었다. 교차로에서 회전을 하는데 쿵 소리가 났다. 도로의 구조물과 부딪힌 것이다. 구조물은 손상이 없었지만, 문짝은 완전히 찌그러졌다. 차 수리를 맡기고 자동차를 렌트해 방문진료를 했다.

양주시 장기요양 센터장 모임에 참석해서 방문진료를 알렸다. 설명을 듣는 센터장의 표정은 '그래서, 그게 뭔데' 하는 표정이었다. 의정부 시청과 건강보험 공단 담당자에게 방문진료 홍보를 함께 하자 했지만 그들도 잘 몰랐다. 그러는 사이 적자는 누적되었고, 요양병원 폐업 직전의 악몽이 떠올랐다. 하지만 1년은 해봐야 하지 않겠는가 하는 마음으로 열심히 다녔다.

차츰 방문진료 요청이 늘어났다. 방문진료의 편리성이 소문 난 것이다. 오랫동안 함께 했던 황명환 과장은 클라우드 방식의 전자차트와 휴대용 프린터를 찾았다. 원내에 복귀하지 않고 현장에서 진료와 처방전 출력까지 가능해진 것이다. 카카오톡 플랫폼을 활용한 방문진료 동의서 플랫폼도 도움이 되었다.

시간당 100mm의 폭우가 쏟아지던 날. 의정부 구도심에서 방문진료 요청이 있었다. 치매 노모를 위해 딸이 요청한 것이다. 반지하 집에 들어가니 할머니는 도둑이 왔다고 소리를 지른다. 빗자루를 들고 휘두른다. 딸이 설득해도 안 된다. 진료를 할 수 없는 환경이었지만, 딸의 간곡한 요청으로 윗층 처마 밑에서 진료를 봤다.

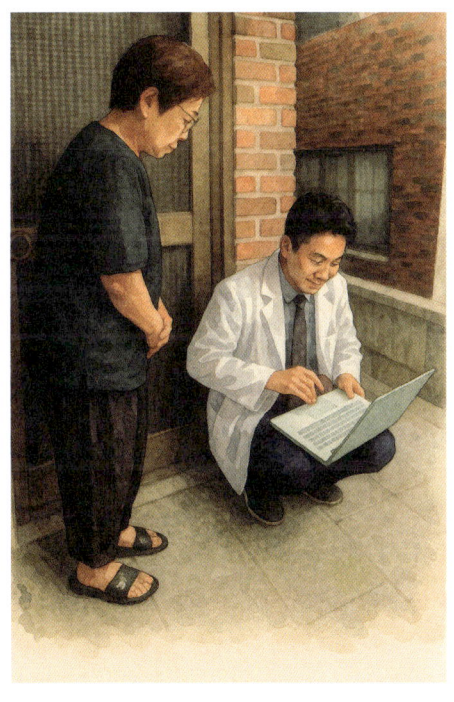

- 폭우가 내리던 날, 치매 환자를 피해 처마에서 진료하는 노동훈 원장 -

다양한 경험을 하면서 확신이 들었다. 진료란, 어디서 하느냐보다 누구 곁에 있느냐가 더 중요하다. 방문진료를 한다는 건, 의사가 밖으로 나간다는 의미가 아니다. 오히려 의사가 환자의 삶으로 들어간다는 뜻이다.

방문진료를 시작한 건 생계를 위해서였다. 요양병원을 폐업하면서 정리해야 할 것도 있었다. 하지만 진료를 하면서 눈에 밟히는 환자가 있었고, 누군가의 요청이 있었고, 문을 두드리는 일이 생각보다 어려운 일이 아님을 깨달았다.

그리고 그 첫걸음이 내 삶을 바꿨다.

12장. 첫 방문, 낯선 집에서 마주한 삶

　방문진료의 시작은 주차다. 구도심의 주택은 주차가 어렵다. 자주 차를 빼달라는 전화를 받는다. 주차 단속에 걸리는 일도 많다. 주차를 무사히 마치면 현관 문을 통해 환자를 만난다. 병원에서는 환자가 내 공간으로 들어오지만, 방문진료는 내가 환자의 공간으로 간다. 문을 열고 들어가는 순간, 진료는 의학적 만남을 넘어서 삶과 삶이 교차하는 일이 된다.

-성북구 4층 빌라 옥탑방 방문진료. 환자는 거동이 불편해 병의원을 방문하지 못한다.
토요일 오전 9시 방문했는데, 진료 마치니 단속되었다.-

　처음 방문진료 간 집은 오래된 아파트였다. 떨리는 마음으로 초인종을 누르자 한참 뒤에 문이 열렸다. 집을 살펴봤다. 20평대 아파트, 방 2개, 거실, 주방의 구조. 하지만 사람이 살아가는 온기는 없어 보였다. 환자도 집도 방치된 집처럼 보였다. 휑한 느낌이 들었다.

50대 중반의 남자와 그의 친형. 정신병을 앓는 환자는 수십 년째 외출을 안 했다고 한다. 외출을 못했다는 것이 더 정확할 것이다. 20대 초반 발생한 정신병이 그의 삶을 작은 집에만 묶어 놓은 것이다.

환자와 인사를 했지만 소통은 어려웠다. 청진기를 댈 때도 조심스러웠다. 오랫동안 정신병을 앓았기에 어떤 반응을 보일지 몰랐다. 정신과 환자의 액팅 아웃(acting out; 불안, 충동 등에 의해 무의식적으로 공격적인 행동을 보이는 용어)이 일어나지 않을까 걱정되었다. 침대 옆에 긴 우산이 있는 것도 신경 쓰였다.

친형의 설명을 들었다. 20대에 외상 후 스트레스 장애(PTSD)로 정신병이 발생했다고 한다. 가족의 삶은 환자를 돌보느라 소진되었다. 첫 방문진료라 어떻게 해야할지 몰랐기에, 오히려 더 많은 이야기를 들었다. 진료 후 대화 속에서 보호자의 번아웃, 형제들과의 갈등, 앞으로의 계획까지 고민했다. 기존에 알던 환자 의사의 관계, 병원의 진료 구조가 무너진 순간이었다. 의료란 무엇인가. 치료란 무엇인가. 단지 수치를 낮추는 것이 아니라, 환자의 상황을 이해하고 공감하고 기다림을 채워주는 일이 아닐까.

첫 방문진료는 나에게 많은 것을 가르쳐주었다.

진료는 의료기기보다 인간에 기반해야 한다는 것, 삶의 공간에서만 볼 수 있는 질병의 모습이 있다는 것, 그리고 병보다 더 복잡한 것은 환자를 둘러싼 환경이라는 것이다. 환자를 돌보는 가족도 함께 살펴야 한다는 것까지.

그날 이후 알게 되었다. 방문진료는 환자를 보러 가는 일이 아니라, 그의 삶을 만나러 가는 일이라는 것을.

13장. 방문진료의 4가지 유형: 일차의료 방문진료, 장기요양 재택의료, 장애인 건강주치의, 치매안심 주치의

방문진료는 의사가 찾아가는 진료라는 공통 형태를 띠지만, 그 목적과 대상, 방식은 다양하다. 크게 보면 현재 운영되는 방문진료는 네 가지 축으로 나뉜다.

일차의료 방문진료, 장기요양 재택의료, 장애인 건강주치의, 치매안심 주치의 제도다.

1. 가장 가까운 동네의원 모델: 일차의료 방문진료 시범사업

일차의료 방문진료는 1차 의료기관에서 집으로 찾아가는 진료를 의미한다. 거동이 불편한 노인, 만성질환자, 퇴원 직후 회복기 환자 등을 대상으로 한다. 내과, 가정의학과, 재활의학과 등 지역 의원에서 담당하며, 의료진이 외래 진료의 연장선에서 환자의 집으로 향한다.

진료 내용은 비교적 단순하다. 혈압, 혈당, 통증, 식사 상태 등의 평가와 약물 처방, 복약 확인, 간단한 시술(도뇨관 교체, 욕창 드레싱 등)이 주를 이룬다. 환자나 보호자의 신청으로 이뤄지는 경우가 많아, 의료 접근성 개선에 긍정적이다.

무엇보다 중요한 점은 이 사업은 건강보험 수가를 도입했다는 것이다.

지속 가능한 왕진 시스템의 첫걸음이라 할 수 있다. 다만, 의사 1인이 이동부터 진료까지 모든 과정을 감당하는 구조라는 한계가 있다. 낮은 수가 체계는 참여 유인을 떨어뜨리는 요인으로 작용한다. 의료-돌봄 연계와 팀 기반 진료 부족도 아쉬운 점이다.

2. 의료와 돌봄이 만나는 곳: 장기요양 재택의료 시범사업

장기요양 재택의료는 장기요양등급(1~5등급)을 받은 어르신 가운데 집에서 거주 중인 수급자를 대상으로 한다. 단순히 요양보호사의 돌봄만 제공되는 기존 체계에서 한발 더 나아가, 의사와 간호사의 방문으로 진료를 받는다.

건강 평가, 처방, 간단한 처치뿐 아니라, 환자에게 맞춘 케어플랜(돌봄계획)까지 수립하는 것이 특징이다. 방문요양기관 등과 의사가 연계되어 월 1회 이상 방문진료(의사+간호사 동행)가 이뤄지고, 필요시 간호사의 추가 방문도 가능하다. 사회복지사가 함께 참여해 팀 기반의 통합관리가 가능하다는 점도 눈에 띈다.

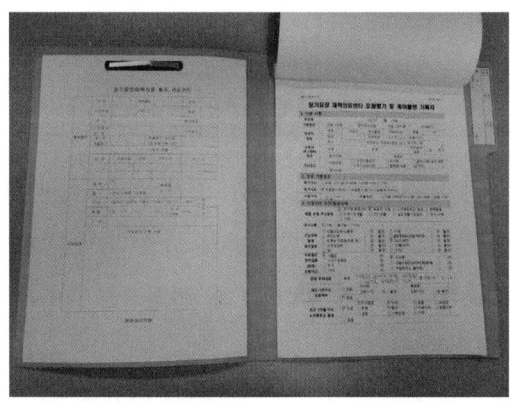

-장기요양 재택의료 점검 서식, 편한자리 의원-

장기요양 재택의료는 의료 사각지대를 메우는 동시에, 집 안에서의 돌봄과 진료를 하나로 엮는 시도다. 단기적인 처방 중심 진료를 넘어, 주거·건강·복지를 함께 보는 장기적 관점이 녹아 있다. 특히 의료기관으로의 이동이 불가능한 대상자에게 큰 의미를 지닌다.

3. 의료의 문을 열다: 장애인 건강주치의 시범사업

장애인에게 병원 방문은 단순한 이동이 아니라 장애 그 자체가 된다. 휠체어가 들어갈 차량이 필요하고, 병원 내 시선도 낯설다. 장애인 건강주치의 시범사업은 이러한 장애인의 진료 장벽을 제거하고, 의료가 먼저 찾아가도록 한 전환적 발상이다.

-장애인 건강 주치의 시범사업-

지체장애, 뇌병변장애 등 등록된 장애인을 대상으로, 지역의 의사와 간호사가 1:1로 연결되어 전반적인 건강관리를 수행한다. 단순 질병 치료를 넘어, 예방·상담·생활지도·건강교육까지 포함한 포괄적 건강 지원이 이뤄진다.

중증 장애인은 연 24회, 경증 장애인은 연 4회까지 방문진료가 가능하다.

이 사업은 단순한 진료를 넘어, 장애라는 구조적 불편을 해소하기 위한 의료적 동행이다. 진료실이 아닌 삶의 공간에서 이뤄지는 진료가, 환자의 삶을 지지하는 도구가 될 수 있음을 보여준다.

4. 치매안심주치의 시범사업: 기억을 지키는 진료

치매는 진단 이후가 더 중요한 질환이다. 약물치료 외에도 정기적인 인지 기능 평가, 이상행동 모니터링, 가족 상담과 돌봄 교육이 함께 이뤄져야 한다.

하지만 외래 진료는 짧고, 환자 상황까지 다루기 어렵다. 매번 병원을 오가며 환자를 돌보는 일은 부담이 크다. 치매안심주치의 제도는 이런 한계를 보완하고자, 주치의(동네의원 의사)가 환자의 장기적 변화를 지켜보며 지역 치매안심센터와 협력해 돌봄까지 연결하는 모델이다.

치매안심주치의는 치매 진단 및 치료 유지, 인지기능 및 이상행동(BPSD) 평가, 복약 순응도 및 부작용 확인, 가족 상담, 치매 돌봄 교육을 한다. 방문간호, 복지서비스 연계, 보건소 내 치매안심센터는 이를 지원하며, 지역 내 다양한 자원(인지재활, 가족모임, 복지상담 등)과 연결한다.

치매안심주치의는 외래 중심 진료 한계를 넘어, 주치의가 지속적 경과를 관찰한다. 진료 외에도 가족 교육, 상담, 복지 연계가 포함되어 보호자의 돌봄 스트레스를 줄일 수 있다. 치매안심센터와의 연결을 통해, 의료와 돌봄이 이어지는 구조를 마련한다. 단기 치료가 아닌, 수년에 걸친 증상 변화와 행동 변화를 안정적으로 추적한다.

구분	일차의료 방문진료	장기요양 재택의료	장애인 건강주치의	치매안심 주치의
대상	거동 불편 노인 등	장기요양 수급자	등록 장애인	경증 치매환자
주체	의원 중심	의사+간호사 +사회복지사	1:1주치의 (의사+간호사)	주치의+치매 안심센터
진료 방식	방문진료 위주	방문진료 +케어계획	방문+건강관리	외래진료+ 지역연계
특징	외래 진료의 연장	돌봄과 의료의 통합	의료 접근성 해소	장기적 인지 관리와 가족 지원
연계 자원	제한적	돌봄기관, 복지서비스	없음 또는 제한적	치매안심센터, 복지기관

방문진료라는 같은 이름 아래, 각각의 목적과 구조는 다르다. 일차의료 방문진료 시범사업은 진료의 연장선이며, 장기요양 재택의료 시범사업은 장기요양 대상자의 생활 중심의 복합관리, 장애인 건강주치의 시범사업은 찾아가는 병원으로 장애인에게 삶의 위안이 된다. 치매안심주치의는 치매 환자의 삶을 의료와 돌봄이 함께 지지하는 구조를 만든다.

네 가지 모델은 공존해야 하며, 환자의 상태 변화에 따라 유연하게 전환 가능한 구조가 필요하다. 환자는 하나지만, 그를 위한 방문진료 형태는 다양해야 한다.

14장. 동네의원에서 방문진료 시작하기

 방문진료는 대형 병원만의 전유물이 아니다. 오히려 지역사회의 동네의원이야말로 방문진료의 주축이 되어야 한다. 외래 진료실 밖으로 한 발자국만 나가면, 진료가 필요한 많은 환자가 있다. 하지만 실제 방문진료를 시행하는 의원은 드물다. 왜일까?
 두려움, 생소함, 수가에 대한 불신, 행정 처리 부담 때문일 것이다. 그러나 첫걸음을 뗀다면, 많은 것이 가능하다는 것을 알게 된다. 우선 일차의료 방문진료 시범사업을 신청한다. 참여 기관이 부족해 의사의 경우 선정 가능성이 높다.

1. 환자 선정 – 외래 환자 중 움직이기 어려운 사람

 시작은 간단하다. 외래 환자 중 병원에 오기 힘든 분을 떠올려 보는 것이다. 와상 환자, 치매로 외출이 어려운 노인, 거동이 힘든 장애인, 퇴원 후 재활이 필요한 환자 등을 찾으면 된다. 처음 하는 방문진료라 가깝고 보호자와 관계가 좋은 곳을 선정하면 된다.
 그들에게 '제가 직접 방문할 수 있습니다'라고 말하는 순간, 새로운 진료의 문이 열린다. 처음부터 낯선 환자를 받아야 하는 건 아니다. 내가 알고 있는 사람의 집에 가는 것으로 시작할 수 있다.

2. 준비물 – 진료 가방 하나면 충분하다

방문진료에 필요한 장비는 단순하다. 방문할 환자를 알고 있으므로 환자에 맞는 물품을 챙기면 된다. 기본적으로 청진기, 혈압계, 체온계, 혈당기가 필요하다. 환자 맞춤으로 장갑, 소독용 알코올, 거즈, 드레싱 키트, 도뇨관, L-tube, 기본 처치 도구가 필요하다.

기본적인 준비만 갖추면, 대부분의 방문환자 진료는 가능하다. 중요한 것은 장비보다 임상 경험과 판단력이다.

3. 수가 청구와 행정 – 생각보다 복잡하지 않다

일차의료 방문진료 수가는 건강보험심사평가원에 등재되어 있다. 일차의료 방문진료 시범사업 선정 후 건강보험심사평가원 포털을 통해 진료기관 등록이 가능하며, 심사평가원 시범사업자료제출시스템에서 방문진료 점검서식과 EMR에서 진료기록을 남기면 청구는 문제없다. 최근에는 대부분 EMR 시스템에서 방문진료 모듈을 지원하고 있어, 간소화가 가능하다.

4. 시간과 동선 – 외래 진료와 병행이 가능하다

방문진료는 시간이 많이 든다는 염려가 있지만, 점심시간 또는 외래 종료 후 1~2시간만 활용해도 운영할 수 있다. 처음하는 방문진료라 내게 맞는지, 환자에게 도움이 되는지, 수익 측면에서 도움이 되는지 확인하기 위해 점심시간 혹은 외래 종료 1~2시간부터 해볼 것을 권한다.

주 1회 정기 방문만으로도 환자와 가족의 만족도는 매우 높으며, 의원 운영에도 새로운 활력을 불어넣는다.

5. 진료 범위 – 내가 잘 아는 일부터 시작하면 된다

처음부터 복잡한 처치나 응급상황을 할 필요는 없다. 손발이 맞는 간호사와 동행하면 도움이 된다. 복약 확인, 기본 활력 체크, 상태 관찰과 상담, 간단한 드레싱이나 도뇨관 교체 등 익숙한 일부터 시작하되, 환자의 요구에 따라 진료 범위를 넓혀가면 된다.

대한재택의료협회는 단체 대화방을 만들었고, 의사, 간호사, 사회복지사 등 다수의 사람들이 활발하게 정보를 교류하고 경험을 나누고 있다. 매달 열리는 월례 세미나에서는 2가지 주제로 강의를 하고 있어, 방문진료 초기 진입자에게 도움이 된다.

방문진료는 거창하게 시작할 필요가 없다. 가장 가까운 환자에게, 가장 작은 도움을 주는 것. 그것이 방문진료의 본질이고, 동네의원이 할 수 있는 큰 의료다.

외래를 운영하지 않고 방문진료만 실시하는 모델은 초기 투자 비용을 줄일 수 있다

재택의료센터, 어떻게 세팅을 할 것인가?

- 유형1: 외래+방문의료: 인력 및 공간 등에서 함께 운영
- 유형2: 외래와 독립적 운영되는 재택운영센터(전담부서)
- 유형3: 외래를 운영하지 않고 방문진료만 실시하는 의원

15장. 방문진료 가방 안에는 무엇이 있을까

방문진료를 시작하면 먼저 갖추게 되는 것이 있다. 진료 가방이다. 진료실에는 준비되어 있지만, 환자의 집으로 갈 땐 필요한 것을 챙겨야 한다. 이 가방은 단순한 장비 꾸러미가 아니다. 의사의 손길, 임상의 판단, 응급 상황 대응력, 그리고 위로의 상징이 이 안에 담겨 있다.

처음엔 무겁고 불편하지만, 어느 순간부터 이 가방은 나만의 진료실이 된다. 실제로 내가 사용하는 진료 가방 속 내용을 소개하고자 한다.

1. 기본 진료 도구

- 청진기: 가장 기본적인 필수품. 심음, 호흡음, 장음을 확인하는 데 사용.
- 혈압계: 전자 혈압계. 휴대성 중요.(높은 혈압을 찾는데 도움이 된다)
- 체온계: 비접촉 디지털 체온계.
- 혈당기 및 스트립: 당뇨 환자 관리를 위한 혈당 확인.(혈당 관리 안 된 환자를 찾기도 한다)

2. 처치 및 시술 키트

- 일회용 장갑, 알코올 솜, 거즈, 면봉
- 멸균 거즈 및 방수 드레싱 (Tegaderm 등)
- 도뇨관 세트: Foley catheter, 요루백(urine bag).
- L-tube 및 교환 도구: 위루관 삽입 환자 대상.
- 욕창 치료용 연고 및 드레싱 자재: 메디폼, 습윤드레싱 등
- 국소마취제 (Emla, 리도카인 등): 간단한 처치 전 사용.

3. 문서 및 행정을 위한 장비

- 노트북 : 클라우드 방식의 EMR을 사용해 인터넷이 연결되면 어디서든 처방 가능하다.
- 휴대용 프린터 (예: Epson WF-100, Canon TR150): 현장에서 처방전 출력.
- 환자 서명용 패드 또는 종이: 동의서, 방문진료 확인서 등. 필자는 알림톡으로 동의서를 받으며, 업무 효율을 높였다.
- 스마트폰 : 모바일 와이파이 또는 핫스팟 기능으로 인터넷 연결
- 전자영수증 발급용 카드리더기 (선택) 또는 계좌번호가 적힌 명함

4. 개인 보호장비 (PPE)

- 마스크, 손 소독제, 보호 가운, 페이스 쉴드: 감염 예방 필수

5. 기타

- 응급약 (혈압약, 알러지약, 해열제, 사탕 등): 간단한 상황 대처.

이 모든 걸 넣으면 가방은 무겁고 복잡해지지만, 진료가 끝난 뒤 다시 정리하면서 나는 의사이자 짐꾼이고, 환자의 동반자라는 사실을 되새긴다. 기존의 대형 병원은 이마트 병원이라면, 환자의 집으로 찾아가는 방문진료는 쿠팡의사라 생각한다. 의료도 배달되는 시대다.

- 진료 가방은 어디서든 환자를 마주할 준비가 되어 있다는 나의 메시지이다. -

16장. 진료 아닌 존재로서의 의사

병원 진료실에서 환자를 만나면 무언가 해야 한다. 진단을 내리고, 처방하고, 검사를 의뢰하고, 결과를 보고 치료 방향을 정한다. 모든 만남은 의학적 행위로 설명된다. 그러나 방문진료는 다르다.

나는 진료를 하면서 동시에 함께하는 사람이 된다. 진료가 끝났는데 환자의 눈길이 나를 붙잡는다. 아무것도 하지 않아도 되는 시간. 청진기도 벗고, 약 처방도 마친 뒤, 그냥 곁에 앉아 일상을 나누는 시간. 그 시간이 환자 치료보다 필요한 경우가 있다.

특히 말기 암 환자, 독거노인, 치매 환자 가족들 곁에는 의학적 개입의 한계가 있다. 통증은 약으로 조절되지만 불안은 눈을 마주쳐야 줄어들고 외로움은 말 한마디로 달래진다. 자택 임종을 한 환자와 보호자를 위해서, 장례식 차량이 올 때까지 기다린다. 보호자의 아픔을 함께 나누며.

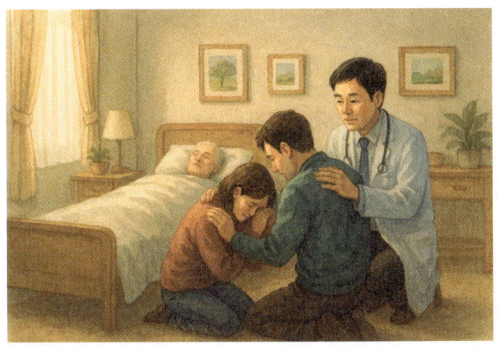

- 임종 선언 후 가족의 아픔을 함께하며 -

의사는 더 이상 진단자도, 처방자도 아니다. 존재하는 사람, 함께하는 사람이다. 방문진료에서 대화는 처방이 되고, 경청과 공감이 치료가 된다.

때로 환자는 병에 대해 묻지 않는다.
"딸이 며칠째 연락이 없어요."
"이 집 월세가 밀렸는데 어쩌죠."
"이렇게 살다가 죽겠죠. 그렇죠?"

이런 질문들 앞에서 의사가 할 수 있는 건 많지 않다. 의정부 가능동 할머니는 집주인의 잘못으로 집이 경매에 넘어갔고, 이사를 가야했다. 요양보호사와 함께 고민을 나눴고, 다음 방문 후 문제가 해결되었다는 말을 들었다. 내가 한 것은 없다. 단지 환자의 고민을 들었을 뿐.

내가 배운 의학으로 많은 것을 설명할 수 있다고 생각했다. 하지만 삶의 끝에 다다른 환자들은 설명이 아니라 공감이 요구된다. 그들에게 필요한 건 전문 지식보다 누군가가 내 곁에 있다는 안도감이다.
내가 생각하는 방문진료는 이렇다. "진료라는 이름의 관계." 또는 "함께하는 의료"
의사가 모든 걸 해결하려는 순간, 관계가 무너지기도 한다. 오히려 아무것도 해결하지 못하더라도 '나는 당신 편입니다'라는 존재감이 강력한 치료가 되기도 한다.
진료실 밖, 환자의 집에서 나는 '함께하는 의사가 된다.' 의술보다 마음이 먼저 작동하는 그 자리에서, 의사의 본질이 무엇인지를 다시 배운다.

17장. 함께해서 고마워요

방문진료를 하다 보면, 때로는 아무 것도 못한 것처럼 느껴질 때가 있다. 약을 바꾸지 않았고, 특별한 처치도 없었다. 단지 혈압을 재고, 이야기를 나누고, 침묵을 함께했다.

노원구 중계동에서는 30분간 보호자의 이야기를 듣기만 했다. 눈을 마주치고, 고개를 끄덕였을 뿐이다. 자신의 답답한 심정을 들어줘서 고맙다고 한다. 나는 어떠한 해결책도 제시하지 못했다. 환자와 보호자 그리고 그들을 둘러싼 환경이 마음을 무겁게 했을 뿐이다.

그리고 집을 나서는 순간, 보호자가 말한다.
"선생님, 그냥 와주셔서 고마워요."
"선생님 오시면 마음이 놓여요. 2달 뒤 방문일정 잡아 주세요"

그 말은 나를 멈춰 세운다. 무언가 했기 때문에 고마운 것이 아니라, 그 자리에 함께 있었기에 고마운 것이다.
진료는 결과를 중시한다. 검사 수치가 좋아졌는지, 통증이 줄었는지, 약이 효과를 냈는지.

하지만 삶의 마지막을 향해 가는 환자들, 치매로 의사소통이 어려운 분들, 홀로 집을 지키는 노인들에게 의미 있는 변화는 숫자로 측정되지 않는다. 그들에게 의사의 존재는 병을 낫게 하는 사람보다, 자신을 잊지 않는 존재에 가깝다.

'있어줘서 고맙다, 들어줘서 고맙다'는 말은 존재의 의미를 묻는다. 말 없이 곁에 있는 것, 손을 잡는 것. 그것만으로 누군가에게 위안이 된다. 이것은 번잡한 진료실에서는 경험하기 어려운 일이다.

강북구 수유동의 할머니는 이렇게 말했다. 요즘은 나 보러 오는 사람이 없어. 근데 선생님이 오니 고마워. 그것만으로도 내가 사람인 것 같아.

그 말을 듣는 순간, 나는 무언가를 한 사람이 되었다. 주사보다 더 강한 약, 처방보다 깊은 치료는 누군가 나를 찾아왔다는 경험일지 모른다. 진료는 전문성이지만, 방문진료는 관계성이다. 존재 자체가 진료의 일부가 될 수 있다는 것. 이 깨달음은 의사로서 나를 바꾸어 놓았다.

아무것도 하지 못했다고 느낀 날, 와줘서 고맙다는 말 한마디에 다음 집의 초인종을 누를 수 있는 힘을 얻는다.

18장. 혈압보다 중요한 것 – 대화

방문진료를 하다 보면, 진료가 끝난 줄 알았던 순간 진료가 시작되곤 한다. 청진을 끝내고 혈압을 재고 약 처방을 설명한 뒤, 가방을 덮으려는 순간, 환자가 조심스럽게 말한다.

"그런데요, 선생님…"
"이건 그냥 하는 말인데요…"
"그냥 들어만 주세요…"

그때부터 진료가 시작된다.

수치나 병명, 복약 설명보다 훨씬 중요하지만, 차트에는 남지 않는 이야기들. 그 이야기 안에 환자의 삶이 있고, 감정이 있고, 위기가 있다. 나는 혈압계보다 상대의 이야기를 듣는 능력(공감, 경청)이 훨씬 중요하다는 걸 알게 되었다.

환자들은 말로만 병을 설명하지 않는다. 침묵, 눈빛, 망설임, 그리고 주저하는 말투에 이유가 있다.

"약은 잘 챙겨 드세요?"
"그냥 그렇죠."
"식사는 잘 하시고요?"
"입맛이 없어서… 혼자 먹으려니…"

이 짧은 대화에 담긴 건 복약 순응도, 영양 상태, 우울 증상, 고립감이 있다. 혈액검사보다 더 많은 정보를 알 수 있는 건 의사와 환자의 대화다.

때로는 환자보다 보호자가 더 많은 말을 쏟아낸다.

"밤마다 깨서 저는 거의 못 자요."

"이게 제 삶이 맞나 싶어요."

"가족들이 도와주긴 하지만, 다들 지쳐 있어요."

이럴 때 의사로서 무엇을 해야 할까.

진단할 병이 없고, 처방할 약도 없지만 이야기를 듣는 것, 함께 있는 것만으로도 환자와 가족의 무게가 덜어진다.

그럴 땐 이런 생각이 든다. 의사의 첫 번째 처방은 대화와 공감이어야 한다. 그리고 그 대화는, 무엇을 말하느냐보다 어떻게 듣느냐에 달려 있다.

혈압은 숫자로 관리할 수 있지만, 삶의 무게는 숫자로 설명되지 않는다. 그 무게를 덜어주기 위한 강력한 도구는 청진기나 주사기가 아니라, 말을 건네는 용기와 귀 기울이는 태도다.

방문진료의 핵심은 무엇일까. 환자의 혈압을 재는 것이 아니라, 환자의 마음을 듣는 것. 그것이 방문진료의 시작이다.

19장. 삶과 병이 섞인 공간에서

병원은 환자만 있는 기계적인 곳이다. 하얀 벽, 반듯한 침대, 정리된 의료기기. 환자는 환자복을 입고, 차트 위에 병명이 있다. 의사와 간호사는 분주히 움직인다. 정해진 검사, 수술, 치료가 있을 뿐.

그러나 환자의 집에 들어가는 순간, 삶과 병이 있는 현실을 본다. 방문진료는 병원이라는 분리된 공간을 벗어나, 생활 속 진료가 시작되는 장소에 가는 일이다.

거실 한쪽에 놓인 병원용 침대. 침대 옆엔 약봉지와 물컵이 있고, 정리되지 못한 빨래 바구니와 설거지통이 있다. 시끄럽게 짓는 반려동물, TV에서 흘러나오는 소음. 이런 풍경 속에서 진료가 이뤄진다.

병명은 같아도 병을 품고 사는 공간은 다르다. 집에선 질병만 보지 않는다. 살림의 방식, 일상의 구조, 가족 간 관계가 보인다. 기존 의료는 병을 객관화했다. 하지만 방문진료는 병과 함께 살아가는 환경을 알려준다. 약을 안 먹는 경우 복약 순응도가 아니라 약 보관 장소 문제일 수 있다. 그래서 편한자리 의원은 복약 캘린더를 만들었다. 욕창이 낫지 않는 이유는 드레싱 방법이 아니라 매트리스 상태일 수 있다. 체중이 줄어든 이유는 입맛이 없거나, 밥을 챙겨줄 사람이 없어서 혹은 혼자 밥 먹기 싫어서 일 수 있다.

이 모든 것은 병원에선 알 수 없다. 그러나 살림과 병이 뒤섞인 공간에서는 한눈에 보인다. 그리고 그 안에 진료의 실마리가 있다. 가족, 배우자, 자녀 그리고 요양보호사. 가장 많이 만나는 건 요양보호사다.

요양보호사는 환자의 삶을 함께 짊어진다. 때로는 묵묵히, 때로는 지쳐서, 때로는 원망하면서. 방문진료는 환자만 보는 일이 아니다. 그 공간을 함께 살아가는 사람 전체를 이해하고 품어야 한다.

병이 있는 곳에 의료가 필요하다면, 삶이 있는 곳엔 더 큰 의료가 필요하다. 살림이 있는 곳에서 진료하는 건, 단순히 장소가 바뀌는 것이 아니라 진료의 관점이 달라진다는 뜻이다.

나는 진료를 위해 병만을 보는 것이 아니라, 삶의 일부로서 병을 본다. 그리고 삶이 살아 숨 쉬는 공간 속에서, 의사는 환자에게 더 인간적인 존재가 된다.

20장. 보호자와의 대화, 진료의 절반

병원 진료는 환자와 의사의 관계가 전면에 드러난다. 방문진료는 다르다. 환자보다 더 많이 대화하는 사람이 있다. 환자를 돌보는 보호자다. 이들의 존재는 방문진료의 절반이다. 방문진료 현장에서 보호자가 없으면 진료는 거의 불가능하다. 요양보호사라도 있으면 다행이다.

의사의 말은 환자의 병을 치료하지만, 보호자와의 대화는 그 치료가 지속될 수 있는 토대를 만든다. 보호자는 단순한 '동반자'가 아니다. 많은 환자들은 혼자서 치료를 유지할 수 없다. 식사와 약을 준비하는 사람, 긴급 상황에 대응하는 사람. 보호자는 의료의 일상적 실무자이자 감정의 조율자, 생활의 설계자다.

그들이 지치면 진료는 끊기고, 그들이 흔들리면 환자는 무너진다. 보호자와의 대화는 병의 맥락을 설명한다.

"어머니가 요즘 밥을 잘 안 드세요."

"자꾸 욕을 하세요."

"약을 먹이고 싶은데 거부하세요."

이런 말들 속엔 질병의 변화, 정서적 갈등, 돌봄의 어려움이 있다. 의사가 환자의 상태만 본다면 보호자는 그 상태가 생겨난 배경과 이유를 설명해 준다.

보호자의 감정과 체력이 돌봄의 지속성을 결정한다.

"언제까지 이렇게 살아야 하죠?"
"가족 중 나만 이걸 다 하고 있어요."
"내 인생은 없는 것 같아요."

이런 말이 나올 때가 있다. 긴병에 효자 없다는 말처럼 보호자는 지쳐 있다. 누군가에게 내 이야기를 들어달라고 외치는 것이다. 의사는 그 이야기를 치료의 일부로 받아들여야 한다. 상담가가 될 필요는 없지만, 적어도 고통에 공감할 수 있어야 한다. 보호자와의 신뢰가 진료의 성공을 결정짓는다.

진료가 아무리 잘 이뤄져도 약을 복용하지 않거나, 외부 병원과 연결이 끊기거나, 식이조절이 실패하면 치료는 무너진다. 그 중심에는 보호자가 있다. 의사와 보호자가 서로 신뢰해야 진료가 지속된다. 그래서 지시형 대화보다 협력형 대화, 조언보다 제안, 경청과 공감이 필요하다. 보호자는 의료 사각지대에 있지만, 방문진료에서는 그들이 진료의 절반이다.

환자만 보는 진료는 절반의 진료다. 보호자를 이해하고 존중하는 일, 그것이 방문진료의 지속 가능성을 결정짓는 중요한 열쇠다.

21장. 배우자, 반려동물 – 가족 전체를 본다

병원 진료는 환자만 대상이다. 이름, 주민번호, 차트번호 등. 방문진료는 환자를 만나러 갔다가 그 집 전체와 마주친다. 진료는 한 사람을 위해 시작되지만, 그 공간에는 함께 살아가는 가족이 있다. 배우자, 요양보호사, 그리고 반려동물까지. 이들은 모두 환자의 일상에 영향을 주는 존재이며, 진료의 배경이자 연장선이다.

배우자도 고령에 만성질환을 가진 환자다.

와상 상태의 70세 환자. 70대 중반의 남편도 당뇨, 고혈압, 고지질혈증, 청력장애, 요통 등 다양한 만성질환이 있다. 내 몸 하나 간수하기도 힘든데, 누워있는 환자를 돌봐야 한다. 요양보호사가 오지만 하루 3시간, 나머지 시간은 식사며 체위변경, 대소변 수발 등 혼자서 감당해야 한다.

무뚝뚝한 남편은 말이 없지만, 눈시울은 붉어졌다. 그동안의 노고를 이해한다는 짧은 말 한마디에. 그의 이야기를 들어준 사람이 없었기 때문이다. 배우자의 마음도 헤아려야 한다. 돌봄을 제공하는 사람이 지치면 환자의 건강은 무너진다. 배우자의 건강도 챙겨야 한다. 그래야 의료와 돌봄이 지속된다.

반려동물은 환자의 심리상태를 반영한다.

문을 열자마자 짖는 개. 반려동물은 그저 배경이 아니다. 때로는 환자의 유일한 대화 상대이기도 하다.

"이 아이 없었으면 저는 벌써 죽었을 거예요."

환자들이 하는 말이다. 반려동물은 정서적 안정을 주고, 반대로 그 아이가 아플 때 환자도 무너진다. 가끔은 그 동물에게 "잘 부탁해"라는 인사를 건넨다.

동네에서 주운 반려견 '둔이'. 반려견과 산책하다 이웃과 인사하고 친분을 맺었다. 며칠 동안 환자가 연락되지 않아 집을 찾은 이웃은, 저혈당 쇼크로 쓰러진 환자를 발견하고 119를 통해 병원으로 이송했고, 생명을 구했다.

- 둔이로 맺어진 인연. 이웃의 방문으로 쇼크 저혈당 환자는 회복되었다 -

방문진료는 병만 고치는 일이 아니다. 가족 전체와의 만남이며, 삶의 관계망을 이해하는 일이다. 한 사람을 진료할 때, 그 사람을 둘러싼 생명과 감정도 함께 진료받게 된다.

22장. 소변줄/콧줄 교체, 욕창 드레싱
– 기본기의 힘

방문진료를 시작하면, 가장 자주 요청받는 일이 있다. 소변줄(도뇨관) 교체, 위루관이나 비위관(L-tube) 관리, 욕창 드레싱. 거창한 처치도, 복잡한 수술은 아니지만, 기본적인 시술들이야말로 방문진료의 핵심이다.

병원에 입원하면 해결되는 일들이 집에서는 의사의 손을 기다린다.

소변줄 교체 – 배설의 권리를 지키는 진료

거동이 불편한 와상 환자에게 소변줄 막힘, 누출, 감염은 일상의 고통이다. 소변이 나오지 않아 복부가 팽창하고, 요로감염으로 인해 열이 오르고, 냄새와 불쾌감으로 환자와 가족 모두 지친다.

의사가 방문해 카테터를 교체하고, 방광 세척을 하는 10분의 시간은 삶의 질을 바꾼다. 이 간단한 시술 하나에 가족은 안심하고, 환자는 편히 쉴 수 있다. 진료는 고통을 줄이는 손길이다.

양주시 덕정동 환자는 소아과 의사였다. 장기요양 등급을 받도록 도와드렸고, 배뇨 곤란을 해결하기 위해 약물 치료 등을 했다. 결국 소변줄을 넣은 후 요독증이 해결되어 활기를 되찾았다. 이제는 식사량을 늘리고 재활을 통해 침대에 앉고 서고 걷는 것이 목표다.

* **영양관 삽입과 관리 – 생명과 연결된 길**

비위관(L-tube)이나 위루관을 통해 식이를 유지하는 환자들. 이 관이 빠지거나 막히면, 삶의 유일한 에너지 통로가 끊긴다.

삽입 과정은 간단하지 않다. 저항하는 환자, 긴장한 보호자, 폐로 흡인 위험. 하지만 이 시술이 생명을 이어주는 연결임을 알기에 침착하고, 조심스럽게 한다.

그리고 삽입이 끝난 후, "이제 밥 드릴 수 있어요"라는 말에 가족은 숨을 돌리고, 환자는 작은 끄덕임으로 고마움을 표현한다.

* **욕창 드레싱 – 누워 있는 시간 속에서 상처를 돌본다**

욕창은 누운 시간만큼 천천히, 그러나 분명히 악화된다. 보호자는 드레싱을 하고 싶어도 손이 떨리고, 환자는 아프다고 저항한다. 감염으로 냄새가 나고, 피부가 벌어져 피고름이 흐른다.

이때 필요한 건 정확한 상처 평가, 드레싱 재료 선택, 감염 조절, 항생제 처방 그리고 환자와 보호자에게 건네는 안심이다.

드레싱을 하며 상처를 보지만, 지속되는 돌봄의 피로와 절망을 본다. 그리고 상처 위에 치료와 함께 존중을 바른다.

이러한 기본 진료는 병원에선 당연한 일이지만, 집에서는 의사의 손이 절실하다. 방문진료는 수술이나 항암처럼 적극적인 치료는 아니어도 편하게 소변을 보게 하고, 상처를 덮어주고, 밥을 먹게 해준다.

그것은 의사의 기본적인 기술이다. 정확함보다 정성, 속도보다 태도, 복잡한 약보다 손끝의 따뜻함이 더 큰 치유가 된다. 방문진료는 위대한 시술보다, 기본기의 정직함으로 이루어진다. 그 기본기는 조용히, 그러나 강하게 환자의 삶을 지지한다.

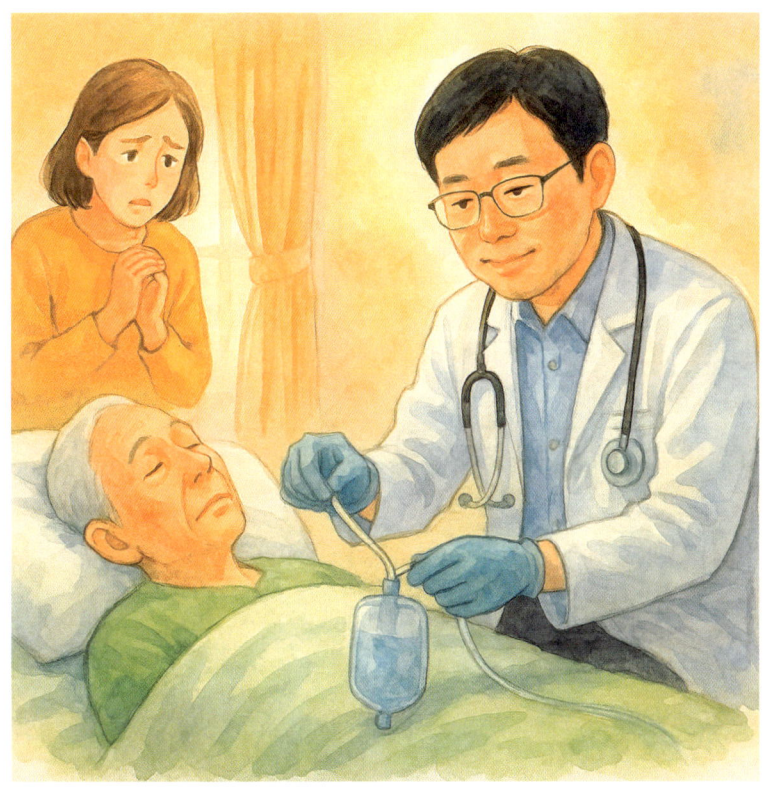

23장. 치매 환자의 진료법

치매 환자는 방문진료에서 자주 만난다. 매달 방문하지만 매번 새롭게 인사한다. 때로는 가족도 잊어버리고, 자기가 어디에 있는지도 모른다. 하지만 환자에게는 존엄과 감정, 관계의 기억이 남아 있다.

치매 환자 진료는, 병이 아닌 사람을 진료하는 일이다.

치매 환자는 증상이 아니라 세계다. 같은 말을 반복하고, 의심이 많아지고, 낯선 사람을 경계하고 때로는 폭언과 폭력을 보이기도 한다. 이 증상들을 문제행동으로만 치부하면 치매 진료는 어려워진다.
환자를 자세히 보면 그 모든 행동은 불안, 두려움, 익숙하지 않음이다.
나는 진료를 시작하기 전 환자의 눈높이에 맞춰 인사를 건넨다.
"안녕하세요, 어르신. 오늘은 제가 집에 놀러 왔어요."
처음부터 되지는 않는다. 방문할 때마다 반복해서 인사한다. 어느 순간 긴장이 풀리고, 눈빛이 달라지기도 한다.

* 진료보다 중요한 것 – 리듬, 톤, 표정
치매 환자와 대화할 땐 내용보다 분위기가 중요하다. 말의 리듬, 부드

러운 말투, 미소 짓는 얼굴. 이 세 가지가 진료의 절반 이상이다.

갑작스러운 질문 대신 한 문장씩 짧게 말하고 기린다. 같은 말도 천천히 큰 소리로 반복해서 얘기한다. 진단보다 안정감을 주는 대화가 우선이며, 그 대화로 신뢰의 통로를 만든다.

* 보호자와의 협력이 진료의 핵심

치매 환자의 상태는 보호자의 말에 잘 드러난다. 잠은 잘 자는지, 식사는 잘하는지, 낙상, 실종, 이상행동은 없었는지 묻는다. 병원에선 어렵게 듣지만, 방문진료에서는 자연스럽게 얻을 수 있다.

보호자는 진료의 동반자이자 환자의 거울이다. 보호자의 번아웃, 감정의 변화, 인내의 한계는 환자의 상태만큼 중요하게 봐야 할 진료 지표다.

* 약 하나보다는 환경 하나

치매는 약으로 완전히 조절되지 않는다. 아리셉트, 레미닐보다 화장실 가는 길의 조명, 익숙한 물건의 위치, 넘어지지 않도록 깔린 매트. 이런 것들도 처방이 된다.

진료 중 집안을 살펴본다. 화장실 문 턱, 주방의 조리기구, 환자의 방 구조. 이 모두가 비약물적 치료의 실마리다. 유아를 위한 매트, 안전 손잡이 등이 준비된 집도 있다.

치매 환자 진료는 기술로 시작되지만, 공감과 관계로 유지된다. 그들은 나를 잊지만, 내 말투, 손길, 표정은 기억할 것이라 생각한다. 그래서 나는 반복해서 말한다. "괜찮습니다. 저는 괜찮아요. 어르신도 괜찮아요."

치매 환자를 진료한다는 건 망가진 기억을 치료하는 게 아니라, 남아 있는 세계를 지켜주는 일이다.

"한 인간의 가치는 그가 무엇을 받을 수 있느냐가 아니라
무엇을 주느냐로 판단된다."
(The value of a man resides in what he gives
and not in what he is capable of receiving.)

- 알버트 아인슈타인
Albert Einstein
독일의 이론물리학자

24장. 정신질환 환자의 방문진료

정신질환 환자에게 병원은 불편한 감정이 있는 곳이다. 불신, 낯섦, 수치심, 때로는 강제적인 기억이 있다. 정신질환 환자에게 의사가 찾아간다는 것은 의료의 변화보다 관계의 회복이다.

정신과 전문의가 아니더라도, 기본적인 관리와 상담, 안전 확인, 복약 확인 등으로 정신질환 환자의 삶에 안정성과 지속성을 줄 수 있다.

어떤 환자들이 방문진료를 필요로 하는가?
- 조현병, 양극성 장애 등 만성 정신질환자 중 병식이 약해 외래 방문이 힘든 경우
- 우울증, 불안장애 환자 중 고립되어 집 밖 출입을 거부하는 경우
- 지적장애·발달장애 동반 정신질환자
- 정신병원 퇴원 후 재발을 방지해야 하는 지역사회 복귀 환자
- 가족 간 갈등으로 외래 접근이 차단된 경우

이들은 치료를 거부하는 환자가 아니라 치료받을 수 없는 환자들이다.

진료의 핵심: 관계를 시작하는 진입로

정신질환 환자의 방문진료는 진단이나 약 처방보다 먼저, 위험한(나쁜) 사람이 아니라는 메시지를 전하는 것이 핵심이다. 큰 소리를 내지 않고 시선을 맞춘다. 반복되는 질문을 견디며 짧고 명확한 언어로 말한다. 위협적으로 느낄 수 있는 의료인을 신뢰할 수 있는 사람으로 전환하는 과정. 그것이 첫 방문에서 해야 할 일이다.

진료보다 중요한 안전

정신질환 환자 진료에서 의사의 안전도 중요하다. 단독 방문은 피하거나 보호자와 동행한다. 분노 유발 요소(속단, 판단, 꾸짖음)는 피한다. 긴급 상황 시 대응 체계(119, 정신응급 전화, 지역 정신건강센터)를 숙지한다.

방문 전 문진과 사전 정보 공유는 필수이며, 현장에서 의사는 치료자이자 관찰자로 머물러야 할 때가 많다. 환자를 둘러싼 많은 상호작용을 짧은 시간에 이해하기 어렵다. 그래서 관찰자로 머무는 것이 환자와 의사를 위해 필요하다.

약물보다 환경, 말보다 리듬

약 복용 여부를 확인하는 것도 중요하지만, 더 중요한 건 일상 리듬의 확인이다. 잠은 자고 있는가. 끼니는 챙기는가. 방은 정돈되어 있는가. 자해 징후는 없는가. 보호자와의 관계는 어떤가.

이런 요소들을 살피고, 필요시 정신과 외래 연계를 시도하거나, 지역 정신건강센터, 커뮤니티케어팀과 협력해야 한다. 양주 방문진료 환자가 있다. 조현병 아들과 병원을 가고 싶지만, 거리가 멀고 대중 교통으로 이

동해야 해서 힘들어 했다. 반나절의 시간을 함께 하겠다고 환자를 설득했다. 환자의 변심으로 실현되지는 못했지만, 아직 가능성은 남아 있다.

정신질환 방문진료의 의미

의사가 찾아가는 진료는 이들에게 세상이 나를 버리지 않았다는 생각을 준다. 무너진 돌봄을 회복하고, 의사를 가교로 활용해 다시 사회와 연결된다. 쉬운 일은 아니나 불가능하지만은 않다.

"밖에 나가고 싶지 않았는데, 선생님이 오니까… 조금씩 나가볼까요?"

그 한마디에 방문진료의 가치를 본다.

정신질환 환자를 위한 방문진료는 진단보다 신뢰, 처방보다 접촉이 중요하다. 그것은 의료가 아니라 사람으로 접근이다.

25장. 거절, 불신, 경계 – 문을 두드리는 용기

방문진료는 환자에 한 걸음 다가가는 진료다. 하지만 그 한 걸음은 쉽지 않다. 문 앞에는 의사에 대한 기대보다 거절, 불신, 경계가 있다. 집에 어떤 환자가 있는지, 보호자는 어떤 사람인지 두려움이 있는 것은 당연하다.

"왜 갑자기 찾아왔어요?"

"우리 집은 병원 아니에요."

"니가 뭘 훔치러 왔구나."

이런 말을 들을 때가 있다.

몸이 아프면 마음도 닫힌다. 마음의 문을 열기 위해 필요한 건 설득보다 기다림이다. 방문진료의 시작은 관계 형성이다. 병원에선 접수와 진료가 연결되지만, 방문진료는 초인종을 누르고 문이 열려야 진료가 시작된다. 그리고 환자와 눈을 마주치는 것이 진료의 절반이다.

문 앞에서 먼저 할 일은 상대의 속도를 따라가는 일이다. 많은 환자와 가족은 병원에서의 의료 경험에서 상처받았고, 의사를 믿었다가 실망했고, 형식적인 진료에 피로감을 느꼈다.

방문진료가 생소하거나, 돌봄을 받는다는 사실에 자존심 상하기도 한다. 특히 젊었을 때 왕성한 활동을 한 환자들에서 보이는 특징이다. 이들의 집에는 과거 활동 사진이 있는 경우가 많다. 이는 논리로 설명되지 않는다. 오로지 시간과 태도로만 풀린다.

어떻게 응답할 것인가?

"괜찮습니다, 불편하셨을 수 있어요."

첫 방문은 가장 단순한 진료만. 혈압 한 번, 약 확인이면 충분하다. 스스로 마음을 열게 기다리는 자세, 묵묵히 앉아 있기, 무례한 말에 쉽게 반응하지 않기. 방문진료가 환자 삶의 리듬을 흔들면 진료는 중지된다.

진료를 받기 싫다고 할 때 나는 실패라 생각하지 않는다. 아직 관계가 시작되지 않았을 뿐이다.

"어르신, 오늘은 꼭 진료 안 받으셔도 돼요. 그냥 얼굴 한 번 보고 갑니다."

그 말이 하루, 일주일, 한 달 후

"들어오세요. 앉으세요. 오늘은 좀 아프네요."

라는 말로 돌아올 수도 있다.

문이 열리지 않았더라도, 초인종을 누른 용기는 어딘가 남는다.

방문진료는 문 앞에서 시작된다. 문이 열리기까지의 시간, 그 앞에서 기다릴 줄 아는 사람이 방문진료 의사다. 거절은 실패가 아니다. 불신은 설득의 대상이 아니다. 아직은 마음이 열리지 않았을 뿐이다.

- 치료를 거부하는 환자 -

"인간의 감정은 누군가를 만날 때와 헤어질 때
가장 순수하며 가장 빛난다"
(Man's feelings are always purest and
most glowing in the hour of meeting and of farewell)

- 장 폴 리히터 Jean Paul Richter -

26장. 방문진료에서의 팀의료
– 간호사, 사회복지사와 함께

진료실 안에서는 의사가 중심이다. 진료 시작과 끝이 의사의 손에서 이뤄진다. 그러나 환자의 집으로 들어가는 순간, 의사는 홀로 설 수 없다. 방문진료는 1인의 진료가 아니라, 팀 진료다.

간호사는 진료의 눈과 손

방문간호사는 의사의 눈이 닿지 않는 시간 동안 혈압과 혈당을 측정하고, 욕창을 관리하며, 복약 순응도를 체크하고, 보호자의 피로를 관찰한다. 그들의 메모와 말 한마디가 진료의 방향을 바꾸기도 한다. 특히 응급상황이나 약물 반응 관찰에서 간호사는 신뢰할 수 있는 동반자다.

사회복지사는 생활의 해석자

사회복지사는 환자의 경제 상황, 주거 환경, 고립 정도, 자원 이용 가능성을 파악하는 생활 정보 전문가다. 환자가 식사를 거른 이유는 식욕 저하보다 음식이 없었기 때문임을 알고 대책을 세워주는 사람이 사회복지사다.

사회복지사는 장기요양 서비스 신청, 활동지원 연계, 후원 물품 연결 등 삶을 돕는다. 사회복지사는 의사의 진료를 의미 있는 현실로 연결시킨다.

함께 움직이는 힘 – 팀의료의 가치

의사는 진단하고 치료 계획을 세운다. 간호사는 계획을 실행하고, 돌봄의 연속성을 만든다. 사회복지사는 치료와 돌봄 계획이 환자의 삶에 녹아들게 한다. 이 세 축이 연결될 때, 치료와 회복이 가능해진다.

치매, 와상, 말기암 환자처럼 의학적·정서적·사회적 복합 문제가 있는 환자일수록 팀 기반 진료가 필요하다. 이는 삶의 질 유지로 이어진다. 혼자 하는 진료의 한계를 인정하는 용기, 의사가 모든 것을 해결할 수 있다는 환상은 진료실 밖에서는 유효하지 않다.

내가 놓치는 것을 간호사가 채워주고, 내가 알 수 없는 것을 사회복지사가 설명할 때 안심이 된다. 그 믿음으로 환자는 안정되고, 보호자는 지지 받는다.

방문진료는 팀의료가 되어야 한다. 각자의 전문성이 연결되고, 서로의 언어를 배워야 환자 중심으로 진료가 완성된다. 진료실 밖의 환자의 삶은 복잡해서 혼자는 벅차고 함께할 때 깊이 다가갈 수 있다.

간호사 중심 사례관리 체계를 만드는 것이 핵심

- 간호사는 재택의료센터의 핵심 인력
- 장기요양 재택의료에서 간호사는 사례 관리를 한다.
- 주요 업무 : 접수 상담/스케줄링/방문 동행/단독 방문/동의서 작성 수납 관리 (카드, 현금, 계좌이체)/검체 관리/차량운행 등
- 근무 시간 중 first call(업무 폰) 받고 문제 해결
- 의사와 동행 방문, 장기요양 재택 의료 간호사 단독 방문

사회복지사가 있어야 재택의료

- 환자의 경제 상황, 주거 환경, 고립 정도 파악
- 보건소, 치매안심센터 등 협력의 주체
- 장기요양 서비스 신청, 활동지원 연계, 후원 물품 연결

방문진료는 팀 의료가 되어야 한다

- 의사, 간호사, 사회복지사 등 각자의 전문성이 연결되고, 서로의 언어를 배워야 환자 중심의 진료가 완성된다
- 진료실 밖 환자의 삶은 복잡해서 혼자 감당하기 벅차고, 함께 할 때 깊이 다가갈 수 있다

27장. 진료실 밖의 돌발상황

진료실은 의사의 통제가 가능하다. 책상, 조명, 진료 도구, 컴퓨터, 그리고 정해진 진료 시간. 모든 게 정해진 틀 안에서 작동한다.

집은 다르다. 방문진료는 예측할 수 없는 상황이 발생한다. 문을 열면 어떤 환경이 나올지 모른다. 환자의 상태는 물론, 보호자의 감정, 집안 분위기, 반려동물 반응까지 모두 변수다. 컨테이너 집에서는 냄새와 파리 등 진료를 지속하기 어려운 경우도 있다. 그리고 돌발 변수는 더 큰 영향을 미친다.

1. 첫 번째 돌발: 환자가 보이지 않는다

약속한 시간에 도착했는데 환자가 없다. 문은 열렸지만, 침대는 비어 있고 TV만 켜져 있다. 방문진료 약속을 잊은 요양보호사와 휠체어 산책을 나선 것이다. 이런 일은 자주 일어난다. 그러면 근처의 카페에서 환자가 올 때까지 기다린다. 방문진료는 환자의 생활리듬과 집안의 시간표를 존중해야 한다.

2. 두 번째 돌발: 보호자의 분노

"지난번 처방한 약 먹고 더 안 좋아졌어요."

격한 보호자, 불신의 눈빛. 진료실이었다면 짧은 설명으로 넘어갈 수 있지만, 집에서는 직접적이고 감정적인 반응이 나온다. 이럴 땐 처방보다 먼저 신뢰를 회복해야 한다. 우선 보호자의 반응을 이해하고 듣는다. 대화가 길어져도 10분 이상 길어지는 경우는 드물다. 끝까지 듣고나면 보호자의 감정이 진정되고, 상황을 파악해서 대책을 세울 수 있다.

3. 세 번째 돌발: 반려동물의 돌진

문을 열자마자 짖으며 달려드는 반려견과 진료 내내 짖는 반려견이 있다. 반려동물을 통제할 수 없는 경우도 많다. 처음엔 요란하게 짖지만, 잠시 후 내 무릎에 앉는 경우도 있다. 반면 끝까지 짖는 반려견도 있다. 반려견과의 관계도 방문진료의 일부다.

4. 네 번째 돌발: 환자의 급격한 상태 변화

혈압이 급격히 떨어지거나, 숨이 가빠져 응급상황이 발생할 때. 병원이었다면 즉시 대응하겠지만 방문진료는 혼자다. 엘리베이터 교체 중인 고층 아파트, 가족이 없는 독거노인 등 이럴 때를 대비해 간이 응급약품은 필수다. 그리고 보호자의 의견도 들어야 한다. 대학병원 응급실 방문을 수차례 경험했던 보호자는 응급실을 가지 않겠다고 한다. 보호자의 이야기를 충분히 듣고 차분히 대응책을 세웠던 적도 많다.

의사는 건강 문제의 해결자로 생각된다. 의료 범위 외의 요청에는 선을 지키되, 공감과 유연함을 잃지 않아야 한다. 방문진료의 어려움은 의학적 복잡성보다 예측 불가능성 속에서 진료를 이어가야하는것이다

통제할 수 없는 상황 속에서 흔들리지 않는 신뢰의 태도를 보여주는 것이 의료진의 실력이다.

28장. 병원으로 보내야 할 때, 의사의 판단 기준

방문진료는 삶의 공간을 지키는 진료다. 하지만 모든 병을 집에서 다루기는 어렵다. 때로는 입원이 필요할 수 있고, 그 시점을 놓치면 환자 상태가 급격히 악화되기도 한다. 보호자의 후회와 의료진의 책임으로 모두에게 상처가 될 수 있다.

문제는 전원을 보내는 경계가 분명하지 않다는 것이다.

진료실 안에서는 수치와 영상, 검사가 가이드가 되지만, 방문진료 현장에서는 의사의 임상 판단력과 경험이 유일하다.

병원 이송이 필요한 대표적인 상황으로 급격한

1. 증상의 악화
2. 갑작스러운 호흡곤란
3. 흉통
4. 의식 저하
5. 체온 상승
6. 저혈압을 동반한 감염 징후
7. 반복되는 구토
8. 탈수
9. 경련 등이 있다.

1. 준비된 의료기기의 부족
2. 시술 범위의 한계
3. 비위관 삽입 불가
4. 위루관 탈락 후 대체 불가
5. 패혈증이 의심될 경우
6. 심한 욕창 감염 또는 골수염 의심 시
7. 정신·행동 이상
8. 자/타해 위험
9. 갑작스러운 흥분
10 섬망
11. 망상 등이 있다.

의사의 판단 기준은 다음과 같다.
위험하다는 느낌보다 의학적 악화가 예측 가능한가?
환자 삶의 질을 고려해서 결정한다. 병원에 보내면 나아질 수 있는가?

보호자와의 충분히 상의한다. 병원에 가서 받을 치료와 기대 효과, 환자의 힘듦을 고려한다. 의학적 판단과 환자와 보호자를 둘러싼 환경을 고려해 결정해야 한다.
1. 전원 결정 시 연락 가능한 네트워크를 확보(응급실, 협력 병원, 요양 병원 등)한다.
2. 지역 공공병원이나 전원 가능한 병원을 확보하면 좋다.
3. 119 혹은 이송 수단(보호자 차량, 응급이송 여부, 사설 구급차 활용

등)을 준비한다.

4. 전원의뢰서를 작성한다.

단순히 병원에 보내는 것보다 전원 후 경과 파악 및 복귀 진료 계획을 통해 집으로 돌아올 수 있는 의료적 다리를 놓아야 한다. 이를 위해 방문진료 의원과 병원 간 협약을 체결하고, 시범 사업으로 구조를 만드는 것도 필요하다.

환자를 병원에 보내는 것도 방문진료다. 환자가 병원에 가야 할 때, 의사의 역할은 끝나는 것이 아니라 이어지는 것이다. 방문의사는 환자를 병원으로 보내야 할지 아는 사람이다. 그리고 판단은 증상과 함께 환자와 환자를 둘러싼 사람 중심으로 이루어져야 한다.

방문 진료 시 전원을 고려할 사항

- 전원 결정 시 연락 가능한 네트워크(응급실, 협력 병원, 요양병원 등) 확보
- 연결된 네트워크와 환자 정보 교환 시스템 마련
- 119 혹은 이송 수단(보호자 차량, 사설 구급차 활용 등) 준비
- 전원 의뢰서 작성
- 전원 후 경과 파악 및 복귀 계획 수립
- 방문진료 의원과 병원 간 협약 체결 필요, 시범사업으로 진행 가능

29장. 죽음 앞의 진료 - 집에서의 임종

병원에서의 죽음은 익숙하다. 침대 위, 모니터와 수액 줄 사이에서, 의사의 판단과 처치 속에 이루어진다.

집에서의 죽음은 다르다. 삶의 냄새와 흔적이 남아 있는 공간에서, 가족의 손을 잡고, 익숙한 환경에서 숨을 거둔다. 그리고 그 곁에는 의사가 있다.

집에서 임종을 맞고 싶다는 환자를 만났을 때 망설였다.

'방문진료에서 할 수 있을까?'

'내가 지켜보는 것이 도움이 될까?'

'새벽 시간에 연락이 온다면..'

하지만 시간이 지나며 깨달았다. 집에서의 죽음은 '의학적 개입 절제'와 '존재의 온기'가 필요하다는 것을.

교장으로 정년을 한 환자. 유학을 보낸 자녀들도 우리 사회에서 자신의 역할을 충실히 수행하고 있다. 기력이 약해져 찾아간 병원에서 루게릭병을 진단받았다. 병원을 자주 다녔지만 더 이상 할 수 있는 것이 없다는 말을 듣고, 집으로 모셨다.

호흡이 멎었다. 마침 친척들이 있었기에 심폐소생술을 했고, 119를 통해 병원에 갔다 회복되어 집으로 왔다. 이런 일들이 반복되자 환자도 보호자도 지쳤다.

최근 방문에서 환자의 상태가 악화된 것을 느꼈다. 보호자에게 상급병원 전원을 권유했다. 보호자는 망설였다. 보호자는 연명치료를 하지 않겠다고, 다만 편히 임종하도록 도와달라 했다.

보호자에게 연락처를 알려주고, 문제가 생기면 연락을 달라고 했다. 다른 가족과 미리 만나 얘기를 나누면 좋겠다고 했다. 남겨진 사람들의 고통과 후회를 줄이기 위해서다. 집에서의 임종은 삶을 끝까지 존중하는 방식이 될 수 있다.

집에서의 임종은 의학 관리의 실패가 아니다. 인공호흡기 대신 창문을 열어 바람을 맞게 하는 것, 심폐소생술 대신 손 잡고 괜찮다고 말하는 것, 살리려 애쓰기보다 함께하는 위로.

방문진료 의사가 할 수 있는 위대한 일이다.

죽음은 혼자 오지 않는다. 수많은 감정, 선택, 두려움, 애도의 준비가 따라온다. 의사는 삶의 마지막 순간을 나누는 증인이 된다.

환자가 '나는 집에서 떠나고 싶다'고 할 때, 그 말은 두려움이 아니라 신뢰가 되도록 해야한다. 그 신뢰를 지키는 일, 그것이 방문진료 의사의 소명이다.

생애말기 돌봄

- "우리는 어디서 죽을지 결정할 수 있는가?" 생애말기 신규 서비스가 필요
- 호스피스는 암과 일부 말기가 명확한 질환에 국한되어 제공
- 가정형 호스피스는 39개소에 불과
- 장기요양 대상자의 대부분인 치매, 노쇠 환자 등은 호스피스의 혜택을 받지 못함
- 장기요양 대상자는 생애말기에서의 소외, 돌봄과 의료 모두 재택임종을 하기에 부족

<생애말기 좋은 죽음>

구분	매우 중요	중요	보통	중요 하지 않음	전혀 중요 하지 않음	계	(명)	평균
임종 전후의 상황을 스스로 정리한 이후 임종을 맞이하는 것	33.7	52.1	11.5	0.4	0.3	100.0	(9,955)	4.2
신체적, 정신적 고통 없이 임종을 맞이하는 것	50.0	35.4	12.2	2.2	0.3	100.0	(9,955)	4.3
임종시 가족이나 가까운 지인이 함께 하는 것	28.8	48.0	18.4	4.4	0.3	100.0	(9,955)	4.0
가족이나 지인에게 부담을 주지 않는 것	41.9	42.8	12.9	2.2	0.2	100.0	(9,955)	4.2
병원이나 시설이 아닌 집에서 임종을 맞이하는 것	12.2	41.7	32.4	10.9	2.8	100.0	(9,955)	3.5

생애 말기 도움

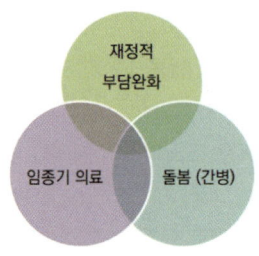

- 재택의료와 돌봄(장기요양)이 결합된 재가임종 서비스 제공
  - 재택의료센터 중 임종지원 가능 의원 (고기능 재택의료센터) 지정 및 임종 지원에 대한 보상체계 마련
  - 고기능 재택의료센터 중심의 재택의료 네트워크 구축
  - 장기요양에서 특별 임종급여 마련, 임종 전 3개월 간 재가요양 제공 시간 확대

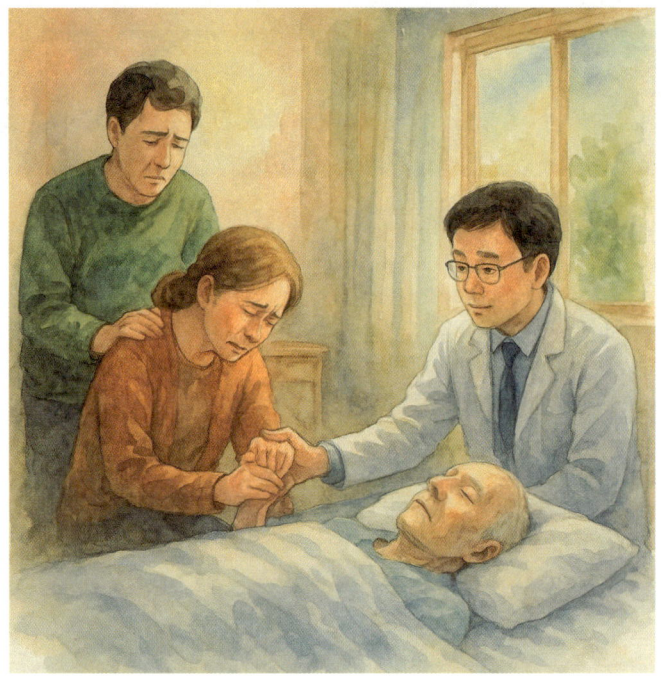

30장. 집에서 돌아가신 분의 마지막 진료기록

임종을 맞이한 집. 그곳엔 환자가 남긴 숨결과 가족의 슬픔, 그리고 노트북을 여는 의사가 있다.

진료는 끝났지만, 마지막 기록은 남겨야 한다. 집에서의 임종은 아름답지만, 행정적으로는 복잡할 수 있다. 사망진단서 발급, 경찰 출동, 장례 절차, 행정 문서. 모든 것은 사망진단서(사체 검안서)에서 시작된다.

의사는 단순히 죽음을 확인하는 사람이 아니라 그 죽음이 돌봄의 끝이었음을 증명하는 사람이다.

진료기록에는 무엇이 담기는가?

1. 환자의 경과,

2. 통증,

3. 호흡곤란,

4. 식사 거부 등의 변화.

5. 말기 상태로서의 판단 근거.

6. 증상 완화 여부,

7. 진통제 반응.

8. 사망 판정 시간.

9. 이상 소견 없음(타살 의심 없음을 명시) 확인.

사망진단서를 작성할 때 나는 고인의 마지막을 기록하고, 인간적으로 기억한다. 진료기록은 보험 청구를 위한 자료일 수 있고, 행정 처리를 위한 문서일 수도 있다.

진료 기록은 한 사람의 마지막을 적은 의사의 고백이다. 나는 마지막 진료기록을 정성껏 쓴다. 사망진단서 한 장이 아니라, 돌봄을 닫는 문서라 생각하며 기록한다.

의사는 떠나지만, 기록은 남는다. 그리고 그것은 가족에게, 남겨진 삶의 위로가 되기도 한다.

- 사망이후행정절차 -

31장. 반복되는 죽음과 애도의 방식

 방문진료를 하면 죽음이 익숙해진다. 그 순간은 늘 다르지만, 어떤 패턴이 있다. 숨이 잦아들고, 가족이 손을 잡고, 조용히 흐느낀다. 나는 임종을 앞둔 환자 곁에 있고, 죽음을 확인하고, 사망진단서를 작성한다.
 그리고 또 다른 집으로 간다. 다른 환자의 복약을 확인하고, 도뇨관을 교체하고, 다음 진료를 계속한다.
 죽음은 끝이 아니고, 진료의 일부다. 병원에서의 죽음은 '사망 시간'으로 정리된다. 그러나 집에서의 죽음은 삶의 일부로 자연스럽게 이어진다.
 죽음은 진료의 끝이 아니라, 존재의 마지막을 지켜보는 일이다. 그 순간 나는 의사라기보다 한 명의 인간으로서 곁에 있다.

 죽음이 반복될 때, 의사는 어떻게 견디는가.

 나는 죽음에 익숙해졌다는 느낌을 받았다. 하지만 그건 무감각함이 아니라, 깊어진 감정의 층이다. 죽음을 예상했지만 막상 돌아가신 걸 들으면 마음이 철렁하고, 익숙한 거실에서 장례 준비가 시작되는 걸 보면 왠지 모를 먹먹함이 몰려온다.
 차트를 닫으며 한 번 더 환자의 이름을 되뇌고 사망진단서 마지막 줄에 힘을 주고, 다음 방문 전 잠시 숨을 고르며 환자를 떠올린다.

내가 할 수 있는 조용한 애도다.

"병원에 보냈으면 달라졌을까요?"

"더 잘해드릴 수 있었을 텐데…"

"그래도 선생님이 마지막까지 와주셔서 위안이었어요."

나는 말보다 함께 있는다. 슬픔의 폭풍이 지나가기를 기다린다. 그 시간은 오래 걸리지 않는다. 그리고 말한다.

"그동안 잘하셨습니다."

"어르신도 평안해 보이셨어요."

이 짧은 말이 가족에게 위로가 되기를 바라면서.

죽음이 반복되는 곳에서, 삶의 감각을 지킨다는 것. 한 달에 몇 명씩, 익숙했던 이름들이 차트에서 사라진다. 나는 방문진료가 슬픔을 견디는 일이고, 사람을 지켜보는 일이라고 생각한다. 반복되는 죽음 앞에서, 나는 매번 애도하고, 배우고, 다짐한다. 다음 환자를 만날 때, 그 사람의 시간도 유일하다는 걸 잊지 않겠다고.

[헬스경향 칼럼 노동훈 원장의 사례로 본 재택의료 2탄]
곁에 있지만 보이지 않는 이웃…'장애인환자들' 이야기

민지는 하얀 피부와 붉은 머릿결이 매력적인 수줍음 많은 15세 소녀로 그림 그리기를 좋아했다. 첫 방문진료를 할 때도 30분 내내 펜을 들고 테블릿PC에 그림을 그렸다. 여행도 좋아하지만 햇빛 알레르기가 있어 여름철에는 외출이 어렵다. 모자를 쓰고 긴팔을 입어도 피부가 가렵고 통증이 있다. 엄마도 같은 증상이 있다고. 학교 선생님에게도 실내에만 있게 해달라고 부탁했다고 한다.

생후 100일 첫 열성경련을 경험한 민지는 반복적인 열성경련 후 5살에 지적장애를 진단받았다. 현재 5살 정도의 지적 수준을 갖고 있다. 난독증(듣고 말하는 것은 가능하나 문자 판독이 어려움)이 있어 삼성서울병원 선생님에게 3년간 발음교정 등의 치료를 받았으나 선생님 퇴사 후 치료가 중지됐다. 장애인 건강주치의를 통해 3개월에 한 번씩 맞는 비타민D 주사를 맞을 수 있어서 다행이라고 했다.

민지 엄마는 암 3기 판정을 받았다. 2023년 방사선 치료를 마쳤고 1년이 돼 정기 건강검진을 앞두고 있다. 온몸에 전이된 암환자로 생계를 위한 일자리도 없다. 기초생활수급자로 국가에서 지원되는 돈으로 월세와 생활비를 해결한다. 미술을 좋아하는 민지를 위해 사는 10만원 정도의 물감 값도 부담이다. 다행히 기아대책재단 방송사례에 선정돼 지원을 받고 있다.

또 다른 장애 가정이 있다. 여름, 가을, 겨울이 자매는 각각 21살, 13살, 5살이다. 지적장애, 지체장애, 자폐장애를 갖고 있다. 장애 아동은 초등학교 고학년 또는 중학생이 되면 자신이 다른 아이들과 다르다는 것을 알고 좌절감과 분노를 느끼고 숨어버린다. 21살, 13살 자매는 표정이 어두웠다. 5살 소녀만 청진기를 만지고 천진난만하게 웃었다. 엄마의 짐이 무거워보였다.

필자는 한때 우리 사회를 떠들썩하게 만들었던 전장연(전국 장애인 차별철폐 연대) 지하철 시위를 못마땅하게 생각했던 적이 있다. 그런데 장애인 건강주치의 시범사업을 하면서 생각이 바뀌었다. '우리 곁에 있지만, 보이지 않는' 장애인이 많다는 것을 알았기 때문이다. 지적장애 아들을 둔 엄마는 내가 있을 땐 괜찮지만 내가 없다면 누가 아들을 돌봐줄 것인지 염려한다. 지적장애 아동은 충동성으로 인해 사건, 사고가 많아 더욱 더 걱정이라고 했다.

의정부 장애인 부모회 배연희 회장은 아들을 위해 목포에서 서울대병원을 방문해 진료했던 경험을 바탕으로 중증장애인 건강권을 제안했다. 중증장애인은 칫솔질이 어려워 구강관리가 어렵고 제때 치료받지 못해 구강질환이 심각해지는 경우가 많다. 중증장애인은 움직임 통제가 어려워 간단한 스케일링이나 충치 치료에도 전신마취가 필요하지만 치료받을 치과도 부족하고 비급여인 마취 비용도 부담이 된다.

다행인 것은 보건복지부에서 배연희 회장의 제안에 관심을 갖고 마취 등 비급여 진료비 경감책을 찾는 중이라고 한다. 몸과 마음이 불편하고 자유로운 외출이 어려운 장애인은 분명 우리의 이웃이다. 하지만 보이지 않아 우리 사회가 애써 무시하는 것은 아닐까 하는 생각이 든다. 장애인 건강주치의 시범사업을 통해 건강관리 사각지대에 놓인 장애인의 건강권이 보장되기를 간절히 바란다.

3부. 제도와 구조

32장. 방문진료 제도의 변천사

1. 왕진에서 방문진료로

과거 우리 의료는 의사의 왕진으로 상징되었다. 의사가 가방을 들고 집으로 찾아왔고, 환자의 침상 옆에서 청진기를 대고 약을 건넸다. 의료기관 접근성이 낮고 교통이 불편하던 시절, 왕진은 생명을 지키는 수단이었다.

그러나 보건소와 병의원 인프라가 확충되던 1980~90년대를 지나 왕진은 점차 사라지기 시작했다. 수가가 부족했고, 제도적 뒷받침이 없었기 때문이다.

2. 제도권 밖의 방문진료

2000년 이후 방문진료는 선의로 운영되었다. 의료기관에서 의료 취약지역의 말기 암 환자, 뇌졸중 환자, 와상 노인 등 병원에 갈 수 없는 사람을 위해 봉사하는 마음으로 방문진료 했다.

이 시기엔 진료기록 작성, 처방전 발행, 수납 절차가 비공식이고, 의료법 위반 소지도 있었다. 하지만 현장의 요구는 계속됐다. 그리고 말없이 자신의 역할을 다했던 의사가 있었다. 재택의료협회 창립총회에서 강의를 들었다. 아프리카의 슈바이처가 있다면, 한국에는 이름모를 그분들이 있었다.

3. 일차의료 방문진료 – 의사가 다시 집으로 가다

단순한 구조에서 시작한 제도가 일차의료 방문진료다. 거동이 불편한 고령자와 만성질환자에게, 의사가 집으로 찾아가는 모델이다. 과거 왕진의 현대적 부활이라 할 수 있으며, 처방과 수가를 보장받는 구조로 설계되었다. 의사 1인 진료의 한계는 분명하지만, 의료의 접근성을 넓힌 첫 단추였다.

4. 장기요양 재택의료 – 의료와 요양, 돌봄의 틈을 메우다

치매, 뇌졸중 등으로 장기요양등급을 받은 이들은 장기요양 서비스를 받는다. 하지만 질병 관리는 받기 어려웠다. 이 문제를 보완한 것이 장기요양 재택의료 시범사업이다. 요양기관과 연계해, 의사가 수급자의 집으로 방문하고, 건강상태를 진단하고 관리한다. 돌봄과 의료를 연결하는 구조로, 통합돌봄의 간극을 메우는 역할을 한다.

5. 장애인 건강주치의 – 불편의 벽을 넘는 동반자

의료기관 방문이 신체적·심리적 장벽이 되는 장애인에게는 일상적인 건강관리조차 힘들다. 이를 개선하기 위해 시작된 것이 장애인 건강주치의 제도다. 지체·뇌병변 장애인을 중심으로, 의사와 간호사가 팀을 이루어 정기적으로 건강을 관리한다. 의료가 치료를 넘어 삶의 동반자로 나가는 전환점이다.

6. 치매 관리 주치의 – 인지 저하를 넘어, 신뢰의 관계로

치매는 단일 질환이 아니라, 시간에 따라 악화되는 복합적 의료/돌봄의 과제다. 치매 주치의 시범사업은 이를 종합적으로 관리하는 제도다. 의사와 간호사가 팀을 이뤄 인지기능을 정기 평가하고, 가족 상담과 치료 계획 수립까지 포괄한다. 치매 환자 가족의 '의료적 버팀목'이 되는 구조를 지향한다.

이 네 가지 제도는 각기 다른 대상을 위한 방문진료지만, 공통의 목적이 있다. 병원 중심에서 삶 중심으로 의료가 이동한다는 것. 앞으로의 과제는 명확하다. 제도의 경계를 넘는 통합 운영 시스템, 그리고 1인 의사의 부담을 줄이는 팀 기반 진료 체계가 필요하다.

방문진료는 개인의 선의로만 이뤄지지 않는다. 진료 시간, 진찰료, 처방 시스템, 기록관리, 연계 협력 등 모든 요소가 제도화되었다. 그리고 사회적으로 필요성이 공감되고 있다.

제도의 지속 가능성을 위해서 의사들의 참여를 유도할 적정 수가와 행정 간소화, 안전한 진료환경 조성, 지역자원과의 협력 체계 강화가 병행되어야 한다.

방문진료 제도화는 의료의 확장만이 아니다. 그것은 고립된 삶 속으로 의료가 들어가는, 인간다움의 회복이다.

돌봄이 필요한 사람들의 삶의 질을 위해 필요한 것

- 원하는 곳에서 사는 것 (본인 의지와 무관하게 시설에 입소하지 않는 것)
- 건강
- 감당가능한 재정적인 부담
- 일, 사회적 역할
- 좋은 가족·친구 관계
- 영적인 안정

〈건강이 악화되었을 때 원하는 거주 형태〉

특성	현재 집에서 계속 거주	자녀 또는 형제자매의 집에서 동거	자녀 또는 형제자매 집 근처로 이사	노인전용주택으로 이사	노인요양시설 입소	기타	계 (명)
전체[1]	48.9	2.5	4.3	16.5	27.7	0.1	100.0 (9,955)

보건사회연구원, 2023 노인실태조사

- **통합돌봄 (Integrated Care for Older People)**
  - 연속적인 돌봄을 위해 보건의료와 사회서비스를 사람 중심적인 조정된 모델로 재구성
- **건강노화 (Health aging)**
  - 노년기 웰빙을 추구하고 유지하기 위한 기능적인 능력을 유지하는 과정
- **내재적 능력**
  - 개인의 포괄적인 신체적 및 정신적 능력
  - 개인이 활용할 수 있는 정신적, 신체적 능력으로, 걷기, 생각하기, 보기, 듣기, 기억하기 등의 능력을 포함
- **기능적 능력**
  - 자신이 가치 있다고 여기는 존재가 되고, 행동할 수 있도록 하는 능력을 갖추는 것
  - 개인이 거주하는 환경과 내재적 능력 간의 결합 및 상호작용

WHO, Healthy ageing and functional ability https://www.who.int/news-room/questions-and-answers/item/healthy-ageing-and-functional-ability

의료비 급증 방지

- 급성기 병상의 감축을 포함한 불필요한 급성기 의료 축소
- 재가로의 빠른 복귀 및 이를 위한 기능회복 관련 자원투입
- 충분한 돌봄 제공을 통한 의료-돌봄 경계영역의 해소

재가복귀 환자를 위한 지역중심의 의료와 돌봄체계 마련

- 집에서 충분한 의료와 돌봄을 받도록 제도화
- 24시간 대응체계 마련으로 응급실 이용, 위기상황 최소화

Wang Y-C, Chou M-Y, Liang C-K, Peng L-N, Chen L-K, Loh C-H. Post-Acute Care as a Key Component in a Healthcare System for Older Adults. Annals of Geriatric Medicine and Research 2019;23:54-62
시바하라 케이이치, 초고령사회 일본, 재택의료를 실험하다 (청년의사).

33장. 일차의료 방문진료-방문 시술 중심

1. 진료만으로는 부족하다: 방문진료에서 시술의 의미

방문진료는 문진과 약 처방만으로 부족한 와상 환자, 만성 환자를 대상으로 한다. 이들은 병원에 가는 것이 부담이며, 시술이 필요해도 치료를 못 받거나, 치료 시기를 놓쳐 악화되는 경우가 있다.

일차의료 방문진료는 이 공백을 메운다. 의사가 집으로 찾아가 최소한의 장비와 치료 재료만으로 실질적인 치료를 할 수 있다는 점에서, 방문 시술은 '현장에서의 치료'라는 방문진료의 본질을 구현하는 핵심이다.

2. 가장 자주 시행하는 대표 시술들

1) Foley catheter 교환

신경계 손상, 요폐 환자 등에 시행한다. 통상 2주~4주 간격으로 교환하며, 14~16Fr Foley 카테터, 멸균 장비 및 소독재가 필요하다.

2) L-tube / G-tube 교환

경관식을 하는 환자에게 위루관(G-tube) 또는 비위관(L-tube)의 정기 교체가 필수다. 교체 주기 중간에 빠지거나 막히기도 한다. 방문진료에서 조치하거나 전원 여부를 결정한다.

3) 욕창 드레싱 및 창상 관리

침상 와상 환자로 욕창이 있는 경우 시행한다. 욕창의 위치, 깊이, 감염 상태에 따라 드레싱 재료를 구분해 사용하며, 메디폼, 듀오덤, 알지네이트 등을 사용한다. 감염 시 항생제 병용을 고려한다.

4) 기관절개관(T-tube) 교체

주로 기관절개를 한 와상 환자에게 기관 절개관을 교체한다. 기도를 확보하고, 가래 제거(suction) 통해 호흡기 감염을 예방한다.

5) 단순 봉합 제거

상처 봉합 후 일정 시간 경과한 환자를 대상으로 봉합사를 제거한다. 상처 확인 및 필요 시 추가 드레싱을 한다.

6) 관절 내 주사

무릎 등 관절 통증 환자에게 통증 조절을 위해 스테로이드 또는 소염제 성분을 주사한다. 주사 전후 상태 확인 및 감염 예방에 주의해야 한다.

7) 수액 및 근육주사

통증, 불면, 호흡 곤란, 영양 공급 등을 위해 진통제, 수면제, 항생제 등을 투여한다. 식사를 못해 기력이 떨어지거나 탈수 환자에게 영양제 등을 주사하기도 한다.

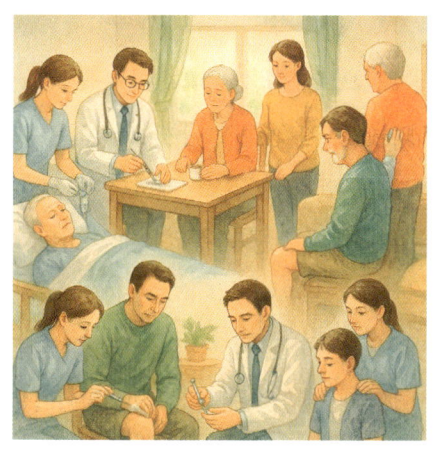

3. 시술 전 준비와 동의

방문 시술은 제한된 공간에서 이뤄지기 때문에 철저한 준비가 필요하다. 의료 재료가 없으면 다시 가져와야 한다. 시술이 실패하는 경우를 위한 대비도 필요하다.

1) 소독 및 감염 관리: 집에서의 무균 환경은 한계가 있다. 멸균 키트와 소독제, 1회용 장비를 준비하고 사용 직전 개봉한다.

2) 시술 동의 및 설명: 고령 환자의 경우 본인 의사표현이 어려울 수 있으므로 보호자 동의를 문서 또는 구두로 확보한다.

3) 응급 상황 대비: 감염, 출혈 등 응급 가능성은 낮지만, 발생 시 병원 이송 계획을 미리 설명하고 공유한다.

4. 수가 및 제도상의 고려

현재 시범사업 내 수가 구조는 시술을 정교하게 반영하지 못하는 한계가 있다. 예를 들어 Foley catheter 교환, 욕창 드레싱 등은 방문진료 1으로 묶여 있다. 행위별 청구가 가능한 방문진료2가 있지만, 대부분 포괄수가제인 방문진료 1으로 처방한다.

방문진료를 위해서는 초기 접수 단계에 20~30분 이상의 통화가 필요하다. 진료 예약을 잡은 후 동선을 고려해서 진료 순서를 계획하고 이동한다. 이 과정에서 사회복지사 등의 수고가 들어가나, 이런 노력에 대한 보상은 없다.

방문진료는 보상이 부족하다는 인식을 줌으로 방문진료를 망설이게 된다. 방문진료는 선의에 바탕을 둔 진료라는 인식이 의사의 참여를 막고 있다. 방문진료를 해도 직원 인건비, 운영비를 제외하고 수익이 난다는 인식 전환이 필요하다.

이러한 제도적 개선 없이는 의사의 참여를 기대하기 어렵고, 찾아가는 의료가 버티는 의료로 전락될 수 있다.

5. 시술이 있어야 진짜 '의료'다

병원 밖의 의료는 제한된 장비, 환경, 인력 속에서도 돌봄을 실현한다. 그 중심에는 현장에서 몸을 움직이고, 손으로 치료하는 의사가 있다. 방문진료는 약만 처방하는 진료가 아니다. 의사의 손끝이 현장에 닿는 순간, 치료는 시작된다.

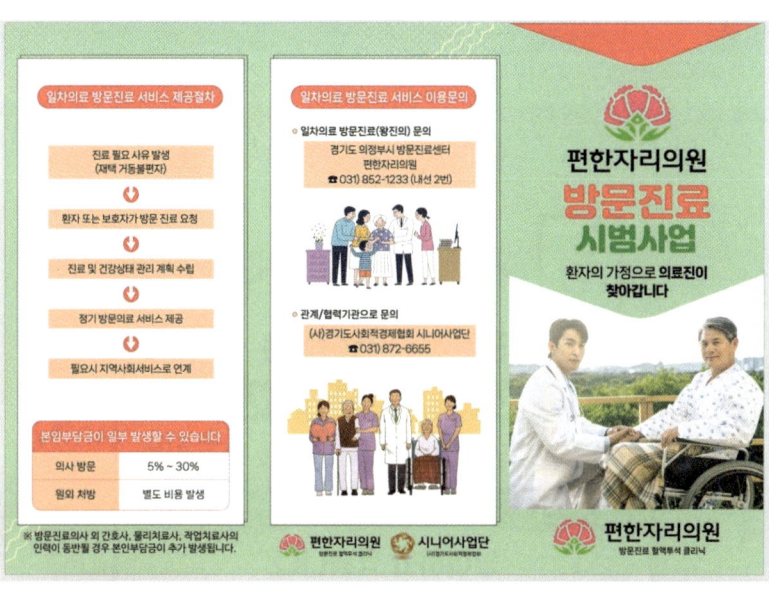

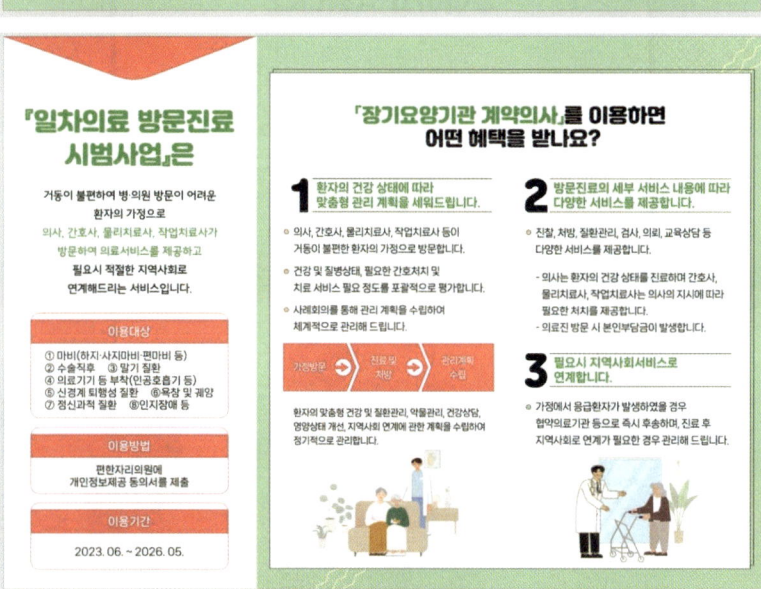

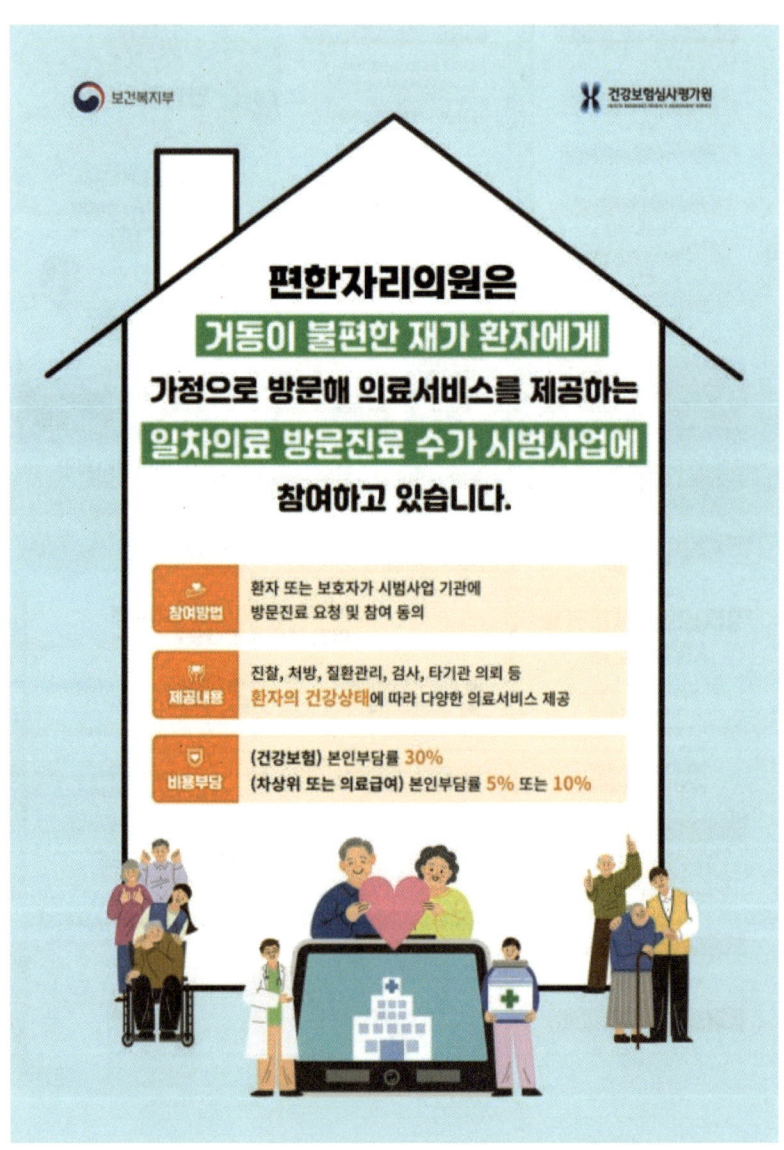

34장. 장기요양 재택의료 -복잡한 케어의 시작

1. 병원 밖으로 나가는 순간, 진료는 복잡해진다

의료기관 안에서의 진료는 비교적 단순하다. 환자가 찾아오고, 진단과 처방, 필요 시 검사와 입원으로 이어진다. 그러나 의사가 집에 가는 순간, 의료는 치료에서 생활과 돌봄으로 확장된다. 장기요양 재택의료는 진료의 시작이자, 케어의 출발이다.

2. 병보다 삶, 질환보다 구조

장기요양 등급 환자는 질병보다 삶이 힘겹다. 욕창은 피부 문제만이 아니다. 영양 상태가 나쁘고, 간병에 지친 보호자가 체위변경에 어려움이 있다는 것을 알려준다. 약 처방만으로 해결되지 않는다. 물리치료, 영양지원, 간병, 복지 연계 등 다방면의 개입이 필요하다.

의사의 역할도 확장된다. 진료는 빙산의 일각일 뿐, 그 아래에는 환자의 가족관계, 주거환경, 경제상태, 돌봄공백, 심리적 고립이 겹쳐 있다.

3. 복잡한 케어를 여는 열쇠: 방문진료

방문진료는 단순히 병만 보러 가는 것이 아니다. 집에서 환자의 삶과 마주한다. 방문진료는 의료의 일차 관문이자, 복합적 서비스 설계의 시작이다.

4. 진료는 혼자 할 수 없다: 다직종 연계의 필수성

일차의료 방문진료는 1회성으로 마치는 경우가 있다. 반면 장기요양 재택의료는 6개월 이상 꾸준한 진료가 필요하다. 이 과정에서 의사-간호사-사회복지사 등 팀 없이는 불가능하다.

의사 혼자 하는 방문진료는 진료의 영역에 머물지만, 간호사, 사회복지사, 물리치료사, 요양보호사와 연계되는 순간 생활 중심 케어로 확장된다.

- 방문간호: 드레싱, 튜브관리, 영양상태 평가, 혈압/당뇨 교육 케어
- 사회복지사: 돌봄지원사업, 긴급지원 연계
- 약사: 복약지도, 약물 상호작용 검토
- 지역돌봄센터: 주간보호, 복지기구, 식사지원
- 장기요양 재택의료는 '연결된 진료'일 때 완성된다.

항목	사례
의료-복지 연계	와상 환자의 욕창 악화 ⇒ 드레싱 + 장기요양 등급 조정 + 방문간호 연계
정신적 케어	독거 노인의 우울 ⇒ 약물치료 + 지역 정신건강센터 의뢰
재가복귀 조율	요양병원 퇴원환자 자택 이송 ⇒ 방문진료 + 복지기기 대여 + 식사 배달 연계
복잡처방관리	치매, 당뇨 다약제 복용자 ⇒ 약물 조정 + 약사 협업

5. 복잡함을 피하지 않고, 구조화하는 일

케어가 복잡해지는 이유는 구조화되지 않기 때문이다. 장기요양 재택의료는 이런 복잡함을 이해하고, 네트워크를 만들어 환자의 삶이 작동하도록 돕는다. 장기요양 재택의료는 혼돈을 질서로 전환하는 과정이다. 그 시작은 진료였지만, 끝은 돌봄 체계 구축이다.

6. 복잡함 속에서도 우리는 간다

의사 한 명이 시작한 방문진료는 지역 전체 케어로 확장된다. 케어는 복잡하고, 체계는 불완전하며, 제도는 더디게 움직인다. 그러나 누군가는 복잡함 속으로 가야 한다. 환자 곁으로, 삶의 현장으로, 무너진 돌봄의 경계로.

복잡한 케어의 시작은 언제나 '선생님, 한번 와 주세요'라는 요청에서 시작된다.

35장. 장애인 건강주치의

1. 의료 접근에서 연속 돌봄으로

장애는 단지 기능의 제한이 아니다. 일상생활의 제약이며, 병원 방문과 검사, 진료를 가로막는 장벽이 된다.

장애인 건강주치의 제도는 장벽을 낮추고, 의료의 연속성과 삶의 안정성을 제공하기 위한 제도이다. 한 명의 장애인을 주기적으로 관리하고, 한 사람에게 믿고 맡길 수 있는 구조를 만드는 것이 핵심이다.

2. 제도의 도입 배경과 구조

보건복지부는 2018년부터 '장애인 건강권 및 의료접근성 보장에 관한 법률'을 바탕으로 장애인 건강보건관리사업의 일환으로 제도를 도입했다. 장애인 건강주치의의 목표는
  1. 만성질환이 많고 복합적인 건강 문제가 있는 장애인의 건강관리 지원
  2. 장애로 병원 접근이 어려운 이들에게 의료 접근성 향상
  3. 예방 중심, 포괄적 건강관리 체계를 마련하기 위함이다.

3. 장애인 건강주치의의 의미

장애인 건강주치의는 거동이 불편한 장애인에게 필수의료다. 의사가 방문해 진료하고 약을 처방하며, 때로는 병원 연계를 조정하고, 간병·복지 정보도 제공한다. 병의원을 방문하기 어려웠던 환자에게 큰 힘이 된다.

경기도 양주에서 강남 세브란스 병원까지, 허리가 굽은 아들을 데려가던 아버지는, 장애인 건강주치의를 알게 된 후 꾸준한 건강관리, 경증 질환을 맡길 수 있어서 고맙다고 한다. 환자도 감기, 몸살 등 힘들면 편한자리 의원 장애인 건강주치의 센터로 전화한다.

4. 제도의 실제 운영에서 겪는 문제

이 제도는 도입 취지는 훌륭하나, 참여 의료기관과 의사의 수가 부족하다. 특히 수도권이나 일부 대도시에 집중되어 농어촌/의료취약지의 접근성이 낮다. 전담 간호 인력을 확보하기 어렵다. 보건소, 복지관 등과 정보 공유가 어렵다. 장애인 건강주치의 제도를 모르는 장애인이 많다는 것도 문제다.

5. 개선의 방향 – "의료의 마중물"로

장애인 건강주치의는 장애인의 자기 결정권을 실현하고, 지역사회에서 건강하게 살아갈 수 있는 의료의 마중물이다. 그러나 이를 위해 다음과 같은 개선이 필요하다.

다직종 연계 모델 도입이 필요하다. 간호사, 사회복지사, 작업치료사, 치위생사 등 통합 케어팀을 구한다. 장애인 맞춤형 교육·매뉴얼 제공한다. 의료진의 이해도 향상을 위한 필수 기반이다.

6. 주치의는 장애인 건강을 담는 그릇이다

장애인 건강주치의는 단순 주치의가 아니다. 환자의 의료 기록과 상태, 환경과 감정을 담아내는 그릇과 같다. 장애인 환자는 병원을 찾아가는 어려움이 줄어들고, 보호자는 내일이 두렵지 않다. 의사는 질병뿐 아니라 한 사람의 삶을 진료한다.

그것이 장애인 건강주치의가 가야 할 길이다.

36장. 치매관리 주치의

1. 치매; 질병을 넘어선 돌봄의 시작

치매는 단순한 뇌의 퇴화가 아니다. 기억이 흐려지고, 시간과 장소를 잃으며, 익숙한 얼굴마저 낯설어질 때, 환자는 혼자가 된다. 그리고 가족의 일상은 돌봄의 연속이 된다.

치매 주치의 제도는 복잡하고 고독한 여정을 방문진료 의료진이 함께 걷겠다는 것이다.

2. 제도의 개요와 도입 배경

초고령 사회 대한민국에서 치매는 특별한 질병이 아니다. 대한민국은 2020년을 전후로 65세 이상 인구 중 약 10% 이상이 치매를 앓고 있다. 보건복지부는 2021년 치매안심주치의 시범사업을 운영 중이다. 치매 환자의 건강 악화 예방, 불필요한 응급실 방문과 입원 감소, 가족의 돌봄 부담 완화, 지역사회 기반의 통합적 관리체계 구축을 목표로 한다.

3. 일차의료 기반 치매 관리의 의의

대형병원에서의 치매 진단은 시작일 뿐이다. 대부분의 치매 환자는 지역사회에서, 가정에서 살아간다. 이들을 지속적으로 관리하고, 변화에 대응할 수 있는 사람은 지역 일차의료 의사다.

치매관리주치의는 다음과 같은 역할을 한다.
- 의학적 진료 및 평가; 인지기능 평가, 이상심리행동 모니터링, 치매 치료제, 약물 관리 등
- 가족 상담 및 교육; 보호자 상담 및 돌봄 피로도 평가, 증상 악화 시 대처법 교육
- 치매 안심센터 연계; 센터 내 비의료 자원과 연결, 치매 등록·관리 연속성 확보

필요한 경우 장기요양등급 신청·조정 지도 등. 의사가 있다는 것만으로도, 많은 일이 가능하다.

4. 제도 운영상의 현실과 한계

참여 의료기관이 부족하다. 편한자리 의원은 치매관리주치의 시범사업을 신청했으나, 2차례 모두 실패했다. 치매안심센터와 진료기관 간 정보 공유 및 소통체계가 미흡하다. 보호자 지원의 구체적인 방법이 부족한 것도 해결해야 한다.

5. 제도 활성화를 위한 제언

치매 주치의 제도는 지속 가능한 '치매 돌봄 생태계'의 핵심이다. 이를 뿌리내리기 위해서는 다음과 같은 개선이 요구된다.
- 의사 참여 장벽 완화: 교육과정 간소화, 참여기관 인증기준 현실화
- 수가 구조 정비: 상담·모니터링 등 비의료적 업무의 가치 반영

- 검사 도구·지원물품 보급 확대: K-MMSE, K-CIST 등 검사도구 제공
- 치매안심센터와의 실질적 연계: 단순 전달체계가 아닌, 케어 회의 참여 등 협진 체계 필요

6. '지속적으로 본다는 것'의 힘

치매 주치의는 단순히 약만 처방하는 의사가 아니다. 변해가는 환자의 일상을 지켜보고, 흔들리는 가족의 감정을 받아내며, 불확실한 미래 앞에서 방향을 제시하는 신뢰의 닻(anchor)이다. 통합돌봄의 한 축으로 의료-요양-돌봄-복지의 연계를 실현하는 모델이 될 것이다.

지속적으로, 꾸준히, 가까이에서 지켜본다는 것. 그것이 치매를 함께 살 수 있는 병으로 바꾸는 시작이다.

37장. 치매안심센터, 보건소에 가능한 진료법 연계

방문진료는 혼자 할 수 없다. 특히 치매, 만성질환, 복합돌봄이 필요한 환자일수록 외부와의 연결이 필수적이다. 연결의 핵심은 바로 치매안심센터와 보건소다.

이들은 단순 행정기관이 아니라 지역사회 건강 돌봄의 중추이며, 방문진료 의사의 든든한 파트너가 될 수 있다.

치매안심센터는 어떤 일을 하나?

치매 조기검진을 위해 만 60세 이상 어르신 대상으로 무료 인지기능 선별 검사를 한다. 필요시 병원과 연계한다. 치매 환자 등록 후 개인 맞춤형 사례관리, 가족 상담, 정기 모니터링을 하며, 환자를 위한 인지재활 프로그램을 한다.

가족 상담 및 돌봄 정보를 제공한다. 돌봄 지원 사업으로 배회 인식표 제공, 치매 환자 쉼터 제공 등을 한다. 실종 예방 서비스(배회감지기, 지문등록)와 치매 공공후견제도 등도 운영한다. 즉 치매 진단 후의 의료-돌봄-보호를 연결하는 플랫폼이다.

방문진료와 어떻게 연계할 수 있을까?

 정기적 사례회의 및 정보를 공유한다. 이를 통해 환자를 발굴하고 의뢰한다. 공동 사례관리 시스템을 활용하면 좋을 것이다. 방문진료 시 환자의 돌봄이 필요하면, 치매안심센터에 복지 연계를 요청한다.

 돌봄을 위해 장기요양 등급 신청을 한다. 보호자가 어려우면 재가센터와 연계한다. 의사소견서 작성 등 장기요양 등급을 받는데 협력한다. 이를 위해 지자체 혹은 보건소와 방문의료기관 간 업무협약(MOU)를 체결하는 것도 필요하다.

보건소는 어떤 역할을 할 수 있나?

 보건소는 치매안심센터와 방문진료를 연결하는 중심축으로 역할을 할 수 있다. 즉 보건의료 서비스의 허브 역할이다. 가정에서 진료와 돌봄이 동시에 필요한 고령/치매 환자에 의료-복지-돌봄 간 통합 연계를 조율하는 핵심이다.

 보건소 업무인 방문건강 관리사업, 만성질환 등록 관리, 예방접종, 결핵검진, 정신건강 등 공공보건사업, 건강생활 실천 교육, 고혈압·당뇨 등 만성질환 관리 대상자와 재가 치매·중증장애인 환자는 보건소와의 정보 공유를 통해 사전 발굴·공조 진료가 가능하다. 치매안심센터, 보건 소, 방문진료 의료 기관은 하모니를 만들어야 한다.

 치매안심센터, 보건소, 방문진료 의료기관은 상호 신뢰를 구축해야 한다. 담당자와 소통하며, 진료 결과를 공유한다. 이건 진료가 아니라 행정이라는 선긋기보다 무엇이 환자를 위한 일인지 고민하고 협력하는 자세가 필요하다.

치매안심센터와 보건소는 의사의 손이 닿지 않는 곳까지 환자의 삶을 돌보고 있는 확장된 의료 자원이다. 방문진료는 이 기관들과 손을 맞잡을 때, 비로소 지역사회 중심의 건강 돌봄으로 발전할 수 있다.

- 치매 안심 센터와 보건소 등 연계 필요 -

38장. 지역사회와 함께 만드는 방문진료

 방문진료는 의사 혼자 가는 진료가 아니다. 진료가 지속되기 위해, 더 많은 사람에게 다가가기 위해 지역사회가 함께 움직여야 한다.
 진료는 혼자 할 수 있지만, 돌봄은 혼자서 할 수 없다. 의사, 간호사, 요양보호사, 주민센터, 복지관, 치매안심센터, 지역병원 모두가 연결될 때 방문진료는 '시스템'이 된다.
 왜 지역사회와 연결되어야 하는가?
 지속 가능성을 확보하기 위해서다. 방문진료는 1회성 이벤트가 아니라 장기적 건강관리를 위한 기반이 되어야 한다. 이를 위해서는 보건소, 지자체, 민간기관의 협력이 필요하다. 자원 연계 효율화 등 의사가 모든 걸 할 수 없다. 식사, 복지용구, 경제 지원, 이송 수단, 치매 관리 등은 지역사회 인프라가 필요하다.
 필자는 지역 봉사 단체와 식사 봉사를 했다. 지금은 거동이 불편한 어르신을 위해 도시락을 배달한다. 복지용구를 몰라 불편하게 생활하는 분들도 많다. 이런 다양한 문제를 해결하기 위해 지역사회와 연계는 필수다. 특히 독거노인, 기초생활 수급자 등은 스스로 진료 신청을 못한다. 지역사회가 이들을 발굴하고, 연결해야 한다.
 주민센터는 방문건강 관리사업과 연계, 장기요양 신규 신청 안내, 응급안전알림 서비스 대상자를 공유한다. 보건소는 만성질환관리 등록제와 방문진료 연계, 치매안심센터와의 정보를 공유한다. 복지관 및 노인정은 고립 어르신 발굴, 정서지원 프로그램과 연계, 복지 수급자 의료 접근을 안내한다. 방문진료 의원 및 요양병원은 필요 시 전원 연계, 퇴원환자 지역 정착 지원을 함께 한다.

일부 지자체에서 지역사회 통합돌봄(커뮤니티 케어) 사업 안에서 방문진료가 작동하고 있다.
복지사 → 방문 간호사 → 방문 의사 또는 주민센터 → 보건소 → 의원과의 연결

이러한 협력 구조는 방문진료의 효율성을 높여준다. 방문 의사는 지역 연결 의료 플랫폼이 되어야 한다. 의사가 병원 안에서 환자를 기다리는 시대는 지났다. 이제는 지역을 다니며 사람을 만나고 자원을 연결하고 문제를 조율하는 지역 기반 주치의가 필요하다.

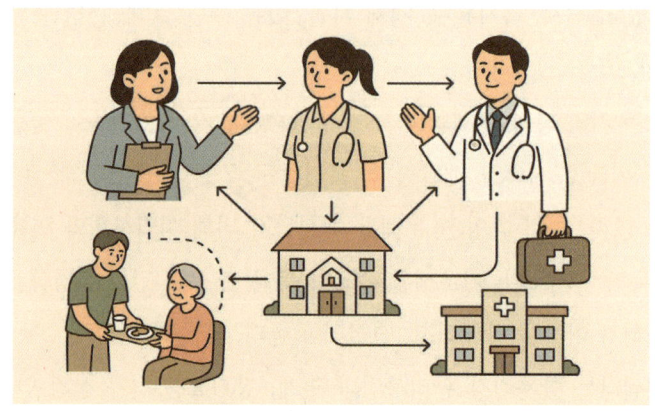

- 사회복지사, 간호사, 의사의 협력 구조가 필요 -

방문진료는 의료의 변두리가 아니다. 지역사회의 중심에서, 의료를 촘촘히 깔아주는 역할을 해야 한다. 그리고 그 중심에 있는 사람이 바로 집을 찾아가는 한 명의 방문의사다.

1단계: 재택의료센터로 환자 의뢰하기

복잡한 의뢰서 NO! 전화 한통이면 충분합니다
1) 대표번호를 알아낸다
2) 전화를 건다

- 재택의료센터 프로세스

지역사회기관	사회복지사	간호사	의사
주민센터 건강보험공단 보건소/치매안심센터 방문요양(간호)기관 환자가족	상담/접수 환자등록 자원연계	스케쥴링 사례관리 동행방문	약물처방 가족상담 동행방문

2단계: 통합지원회의에 초대하기

재택의료 사회복지사, 협의체 당연참석!

1) **통합지원 협의체**를 만든다: 돌봄통합법 제 21호
   (ex. 민간협력 통합사례회의, 지역사회 보장협의체)
2) 필수 구성원으로 참여시킨다.
   (ex. 실무협의체 분과장, 대표협의체 구성원)
3) 업무와 역할을 부여한다

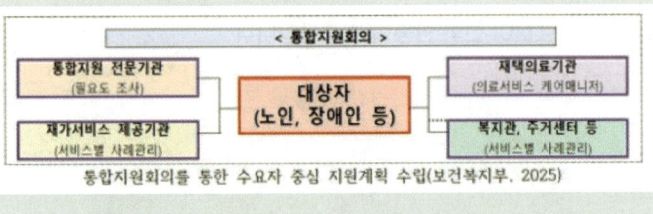

통합지원회의를 통한 수요자 중심 지원계획 수립(보건복지부, 2025)

3단계: 핫라인 개통하기

실무협의체 단톡방(카카오톡)을 개설한다

1) 재택의료 사회복지사를 평가한다
2) 이 사람이… 내 업무에 도움이 된다고 느낀다
3) **단톡방**을 개설하고 초대한다

> 통합지원회의체 구조도 중요하지만
> 실무자 수준에서 원활한 업무협조가 가능하려면
> 의사소통구조(단톡방/유선전화/1:1면담)는 필수적이다

4단계: 업무협약 추진하기

과장님, OO재택의료센터 어떻게 생각하세요?

1) 과장님께 업무실적을 보고한다
2) 잘했다고 칭찬을 받는다
3) 반드시 17:00 - 18:00에 업무협약식을 체결한다

- **같은 배를 탔다는 동지의식**
- **인간적인 신뢰가 기반이 되지 않으면 실현되기 어려움**

39장. 통합돌봄과 방문진료 – 의료와 돌봄의 만남

초고령사회 대한민국에서 '의료'와 '돌봄'은 별개 영역이 아니다. 병원에서만 이뤄지던 진료가 지역사회로 확장되면서, '집에서의 삶'을 위한 새 의료 모델이 필요하다. 정부는 2026년 3월부터 전국 확대를 목표로 의료·돌봄 통합지원 시범사업, 즉 통합돌봄의 제도를 추진한다. 방문진료는 통합돌봄에서 중요한 역할을 맡게 될 것이다.

이는 지역사회 통합돌봄(Community Care)의 개념으로, 병원 중심에서 지역 중심으로, 입원 치료에서 자택 생활로, 질병 중심에서 삶의 질 중심으로 전환하는 국가 돌봄 모델이다. 이 안에는 방문간호, 재가복지, 요양서비스, 주거, 영양, 이동지원 등이 포함되며, 이 모든 서비스의 의료적 판단과 조정 역할이 방문진료 의사에게 주어진다.

의료-돌봄 통합지원사업은 고령자, 장애인, 퇴원 후 요양이 필요한 환자 등이 병원이 아닌 집에서 살 수 있도록 지역 기반 서비스를 통합 제공한다. 대상자의 욕구에 따라 의료-요양-돌봄-주거-생활 지원 등을 통합 기획하고 조율한다. 지자체가 주도하며 의사-간호사-사회복지사-요양보호사가 협력하는 다직종 팀으로 구성된다.

돌봄 중심의 통합 서비스에 의사/간호사의 참여로 의료적 개입을 한다. 의사가 환자의 질병, 약물 복용, 기능 평가 등을 통합돌봄 팀과 공유한다. 병원 퇴원 후 회복기 환자를 대상으로 방문진료 + 재가 요양 + 주거 지원이 연계된다. 장기요양 기관(방문요양, 방문간호 등)과 연계되어 치료, 돌봄의 연속성을 보장한다. 사회복지사 사례관리에서 의료 결정과 질병관리 기능이 결합된다.

이를 통해 집 중심의 건강관리 체계가 정착될 것이다. 의료 사각지대 해소를 기대할 수 있다. 불필요한 응급실 방문 및 입원을 감소시킬 것이다. 병원에서만 치료 가능할 것이라 생각했던 폐렴을, 가정에서도 치료한 사례가 학술지에 보고 되었다. 여기에 돌봄 기능, 사회적 자원의 연계까지.

방문진료와 장기요양 연계, 사회적 자원을 경험했던 보호자들은 우리의 의료-복지 체계가 잘 갖춰졌다고 말했다.

통합돌봄이 제대로 작동하기 위한 제언으로 시·군 단위 통합돌봄 팀에 방문의사를 배치 하거나 지역 방문진료 의료기관과 협약 체결, 진료시간 외 회의·계획 수립 활동에 대한 수가·수당 보상, 의료·요양·복지 정보 공유 가능한 공용 플랫폼 구축, 지역 내 의원 중심의 케어 네트워크 모델을 만들어야 할 것이다.

통합돌봄은 '정책'이지만, 방문진료는 정책이 현실이 되는 통로다. 그 통로를 걸어가는 의사 한 사람 한 사람이 지역 의료의 얼굴이고, 노인의 동반자가 될 것이다.

- 아급성기 서비스의 부족
  - 급성기 : 상급종합병원, 종합병원, 병원
  - 만성기 : 의원, 요양병원
  - 아급성기 : 요양병원?
- 노인은 입원 후 회복시간이 길고, 퇴원 시 기능 회복이 중요
  - 아급성기 서비스가 없어 불완전한 회복 상태로 퇴원, 시설 입소 증가

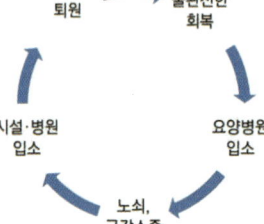

의료 연계
- 의료기관 간 연계 혹은 지자체 조정자(지자체 돌봄통합지원팀)를 통한 연계구조 마련
- 지자체 케어 코디네이터(읍면동 간호직 공무원)의 건강관리 지원
- 재택의료센터는 거동이 어려운 퇴원환자의 핵심 의료기관

복지연계
- 지자체에서 책임성을 가지고 적절한 복지자원을 연계

40장. 장기요양과의 연결 고리

의료와 돌봄은 함께 가야 한다. 의사는 진료하고, 요양보호사는 돌본다. 영역이 구분되는 것처럼 보이지만, 환자의 삶에 뚜렷하게 나눠지지 않는다.

재택의료의 현장에서는 의료와 요양이 동시에 요구된다. 와상환자는 욕창 치료와 체위변경이 필요하고, 삼킴장애 치매 노인은 인지치료와 경관 영양관리, 보호자 교육이 필요하다. 모든 것을 의사 혼자 할 수는 없다. 그래서 장기요양과 연결되어야 한다.

2008년 도입된 노인장기요양보험제도는 일상생활이 어려운 고령자에게 요양서비스를 제공함으로써 병원 중심이 아닌 지역사회 거주 기반의 돌봄을 제공했다. 장기요양제도를 이용하는 보호자들은 만족스럽다 한다. 하지만 의료서비스와 장기요양서비스는 별도로 운영된다.

방문진료를 하면서 장기요양 서비스의 사각지대를 발견하고 보호자에게 알려주긴 하지만, 방문진료 자체가 장기요양 서비스에 개입하고 조정할 수 있는 통로는 없다.

방문진료 현장에서 안타까운 경우가 있다. 의사의 처방만으로는 충분하지 않은 상황이 있다. 욕창 치료 후 체위변경이 안 되는 와상환자는 욕창의 호전을 기대하기 어렵다. 이럴 때 방문간호와 요양보호사 연계가 필요하다. 실내에서 자주 넘어지는 환자의 진료를 마쳤다. 의사는 여기까지다. 장기요양 등급을 알려주고 연계를 했지만, 등급을 받기까지 공백이 생겼다.

L-tube 교체 후 보호자의 경험 부족으로 어려움을 겪는 경우 경관영양 교육이 필요하다. 단순 방문진료 만으로는 부족하다. 독거 치매 환자의 낙상, 골절이 걱정되면 시설물 개보수와 함께 주간보호센터, 방문목욕 등 장기요양서비스가 필요하다.

이처럼 의료와 요양은 현장에서 하나의 서비스처럼 작동한다. 그러나 제도는 이를 따라오지 못하고 있다. 의료와 요양의 연결이 어려운 이유는 다음과 같다.

의사소견서는 의사가, 장기요양 등급 판정서는 장기요양센터가 관여하고, 양 기관의 연결 고리가 약하다. 환자를 책임지고 돌보는 주체가 명확하지 않다. 의료와 요양 영역에 대한 오해와 불신이 존재한다.

장기요양 재택의료 제도를 재가 복지센터에 설명하는데 많은 어려움을 겪었다. 서로에 대한 이해가 부족해서 그렇다. 의료/요양 양 기관의 연계/조정 행위에 대한 보상이 부족한 것도 문제다.

의료는 병을 치료하고, 요양은 생명을 지키는 일이다. 의료와 요양은 서로의 빈자리를 채운다. 의사가 치료만 하고 떠나면, 환자는 다시 병들게 된다. 요양이 돌봄만 하고 병을 외면하면, 생명은 약해진다.

이 문제를 해결하기 위해 다음과 같은 제안을 한다. 의료-요양 연계 수가를 신설한다. 의사가 요양센터와 회의·조정·소통한 시간에 대한 보상이 필요하다. 케어 코디네이터(사회복지사 등 가능) 제도로 의료-요양-복지를 연계한다. 정보 공유 시스템 구축으로 요양서비스 이력, 돌봄 내용,

의료진에게 자동 연동되는 플랫폼을 만든다. 의료와 장기요양과의 연결은 선택이 아니라, 생존의 조건이다. 방문진료의 끝에는 늘 요양의 손길이 필요하다.

"우리는 받아서 삶을 꾸려나가고 주면서 인생을 꾸며나간다"
(We make a living by what we get,
we make a life by what we give)

- 윈스턴 처칠 Sir Winston Churchill
영국의 정치가, 저술가, 웅변가 -

41장. 방문간호센터와 협업
– 지역사회 통합돌봄의 실마리

지역사회 통합의료 실현을 위해 의사 혼자서 할 수 없는 의료 공백을 메워야 한다. 욕창 드레싱, 카테터 관리, 복약 관리, 상태 모니터링 등. 이 모든 것을 의사 혼자 감당할 수 없다. 그래서 방문간호센터와 협업이 필요하다.

의사는 진단하고 처방하지만, 간호사는 지속적인 관리를 한다. 이 두 축이 맞물릴 때, 비로소 재택의료의 지속성이 만들어진다. 의료와 돌봄, 임상 판단, 생활 밀착 관찰이 만나는 접점에서 방문간호는 방문진료의 확장이 된다.

방문간호센터는 장기요양보험 또는 재택의료 시범사업을 통해 지정된 기관으로, 간호사 또는 간호조무사가 대상자의 가정을 방문해 간호 서비스를 제공한다.

방문간호센터는 장기요양등급을 받은 수급자에게 간호서비스를 제공하는 기관으로, 보건복지부의 기준에 따라 간호사, 간호조무사 등이 배치되며, 의사의 방문간호지시서를 바탕으로 건강관리, 상처 치료, 위생 관리, 투약 지원 등을 수행한다.

2022년 이후 보건복지부는 '의사-방문간호센터 협업 기반 재택의료 시범사업'을 통해 의사의 처방에 따라 방문간호가 이뤄지는 구조를 만들었다. 이는 지역 중심의 다직종 케어체계 구축을 위한 첫걸음이다.

방문진료 전 간호사가 먼저 방문해 환자 상태를 보고하고 진료 내용을 조율할 수 있다. 의사의 처방에 따라 간호사가 방문하여 욕창 드레싱, 경관식 관리, 관절구축 예방 등을 수행한다. 장기요양 대상자의 경우 함께 케어플랜을 수립하는 것도 필요하다.

이를 통해 진료 지속성을 확보한다. 단발성 진료가 아닌 간호사의 정기 방문으로 경과 관찰과 피드백이 가능해진다. 복약 관리, 낙상 위험, 욕창/관절구축 예방 등 간호를 강화한다. 의사 방문에 비해 비용 부담을 줄인다. 방문진료는 의료의 문을 열고, 방문간호는 그 문을 지키는 역할이다.

해결해야 할 문제도 있다. 서로 다른 기관에 속해 있어 의사-간호사 간 정보 공유가 어렵다. 방문간호센터의 지역 편중도 문제다. 의사와 방문간호사가 같은 날 방문 시 수가 제한이 있다.

논란의 소지는 있겠지만 동일 의료기관 내에서 자체적으로 간호 문제를 해결하는 것이 정보 공유와 수가 문제 해결에 도움이 될 수 있다. 하지만 방문진료 의료기관이 부족한 지역에서는 방문간호의 역할이 필수다.

방문간호지시서 간소화 및 통합 시스템 도입이 필요하다. 방법으로 복지부 공용 플랫폼 내 전자서식 기반 지시서 작성 및 전송이 필요하다. 양 기관의 정례적 환자 회의가 필요하다. 의료-요양 연계 수가 신설로 의사와 간호사 간 협업 회의나 피드백 작성에 대해 보상 체계 마련도 필요할 것이다.

의사는 계획하고, 간호사는 이어간다. 방문진료는 진료의 시작이다.

방문간호는 지속성으로 바꾸는 돌봄이다. 서로의 역할을 인정하고, 정보를 공유하고 환자를 향해 함께 걸어갈 때 재택의료가 작동하게 된다. 방문진료와 방문간호는 함께일 때 비로소 의미가 있다.

42장. 통합돌봄. 지역에서 함께 돌보는 힘

통합돌봄은 단순한 서비스의 나열이 아니다. 그것은 한 사람의 삶을 중심에 놓고, 보건과 복지, 의료와 생활이 함께 엮이는 구조를 만드는 일이다. 고령자, 장애인, 퇴원환자가 병원이 아닌 집에서 존엄하게 살아갈 수 있도록 지역 기반의 다양한 주체들이 연결되어야 한다. 이 연결의 핵심 중 하나가 바로 방문진료와 재가복지센터의 협력이다.

재가복지센터는 거동이 불편한 노인이나 장애인이 집에서 생활하면서 필요한 돌봄서비스를 받을 수 있도록 돕는 기관이다. 재가(在家)는 집에 머무름을 뜻하며, 시설입소 없이 일상생활을 지속할 수 있도록 지원한다.

방문진료와 재가복지센터, 각각의 역할

방문진료는 이동이 어려운 대상자에게 의사와 간호사가 가정으로 방문해 진료, 처방, 드레싱, 수액, 건강상담 등을 제공한다. 건강보험공단의 시범사업으로 의료기관 참여로 이뤄진다.

* 방문요양

요양보호사가 가정에 방문해 식사, 세면, 옷 갈아입기, 배변 보조 등 일상생활을 지원한다.

* 방문목욕

이동식 욕조 등을 활용해 목욕이 어려운 어르신을 찾아가 안전하게 씻겨드리는 서비스다.

* 방문간호

간호사가 방문하여 건강 상태 체크, 욕창 관리, 투약 지도 등을 제공한다.

* 주야간보호

낮 시간 동안 어르신을 모셔 돌보는 서비스로, 식사, 인지·운동 프로그램 등을 제공한다.

* 복지용구 대여·판매

보행기, 침대, 휠체어 등 보조기구를 대여 또는 판매한다.

*복지용구 신청

장기요양보험공단 홈페이지 => 알림,자료실 => 복지용구 안내

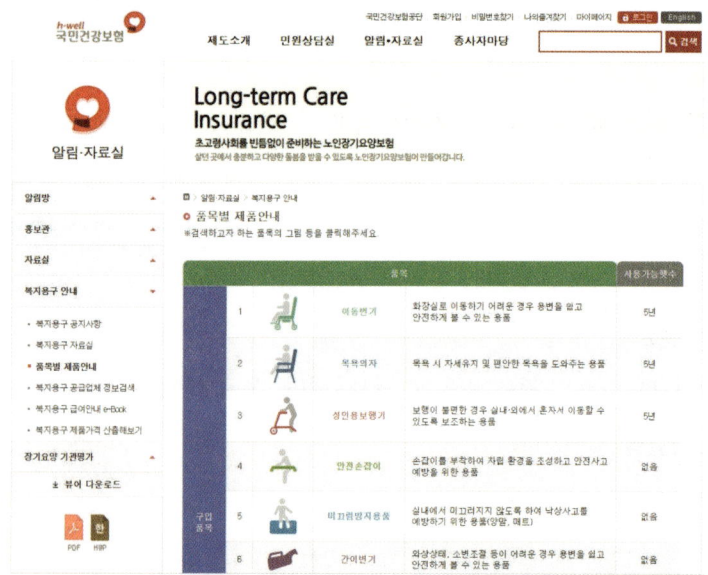

두 기관은 별도로 운영되지만 대상자는 같다. 몸이 불편해 병원에 가기 어렵고, 스스로 식사나 위생관리가 어려우며, 만성질환이나 인지기능 저하로 돌봄이 필요한 이들. 이처럼 의료와 돌봄의 경계선에 있는 사람을 위해, 두 서비스는 함께 움직여야 한다.

방문진료와 재가복지센터의 연계로 완성되는 통합 돌봄 실천 방안
1. 공동으로 케어플랜을 수립한다.
통합돌봄 대상자 선정 후, 지역사회의 의료진과 재가복지센터 실무진이 케어회의를 하고 진료·돌봄 통합계획을 세운다. 낙상 위험이 있는 고령자에게는 방문진료 시 골다공증 약 처방, 요양보호사는 보행보조 도구 사용을 지원한다.

2. 정기적 정보 공유한다.
방문진료 시 대상자의 건강 상태(상처, 부종, 식욕 저하 등)를 알림 방식으로 재가복지센터에 공유한다. 반대로 요양보호사는 매일 관찰한 변화(식사량, 기분, 수면 등)를 의사에게 정기적으로 전달한다.

3. 방문 스케줄을 연계한다.
같은 날에 요양보호사와 의사가 함께 방문하거나, 시간 차로 배치하면 대상자의 부담을 줄이고 효율성을 높일 수 있다. 특히 도뇨관 교환, 욕창 드레싱 등은 의사가 시행한 후 요양보호사가 관리를 도울 수 있다.

4. 응급상황 대응 체계를 수립한다.

재가복지센터는 갑작스러운 의식저하, 호흡곤란, 발열 등의 징후 발견 시 방문진료 의료기관과 연락체계를 확보하여 신속한 초기 대응을 한다. 이는 응급실 이송률을 낮추고, 불필요한 병원 방문을 줄인다.

5. 정서·삶의 질을 통합 지원한다.

방문진료 의사는 건강뿐 아니라 정서적 안정도 살핀다. 이때 재가복지센터의 미술치료, 인지활동, 말벗 서비스가 연계되면 환자의 삶의 질을 훨씬 풍부하게 만들 수 있다. 방문진료 현장에서 인지치료를 하는 요양보호사를 본다. 이들은 요양보호사의 역할을 뛰어넘어 전인적 돌봄을 제공한다.

방문진료와 재가복지센터의 연계로 기대되는 효과는 다음과 같다.
- 단절 없는 진료와 돌봄: 의사와 요양보호사가 같은 계획 아래 움직이면 대상자는 안정감을 느낄 수 있다.
- 의료사각지대 해소: 만성질환, 와상환자, 독거노인 등 병원을 방문하기 어려운 환자에게 올 서비스가 이뤄진다.
- 지속 가능한 재택 케어: 가족의 부담은 줄고, 대상자의 자립은 촉진된다.

해결해야 할 과제로 의사와 요양기관 간의 거리감 있다. 그 결과 정보가 공유되지 않는다. 의사는 노력 대비 보상이 없기 때문이다. 요양기관도 필요성은 느끼나 어떤 의사와 어떻게 소통해야할지 모르는 경우가 많다.

같은 사람을 바라보는 두 시선, 하나의 계획. 통합돌봄은 한 사람의 삶을 끝까지 보살피는 방법을 설계하는 일이다. 의사는 진료하고, 요양보호사는 생활을 돕는다. 간호사는 돌봄을 조율하고, 사회복지사는 연결을 만든다. 지역의 전문가들이 손을 맞잡는 순간, 환자의 삶은 이어지고, 존엄은 유지된다.

'돌봄 없는 진료는 메마르고, 진료 없는 돌봄은 위험하다.'

43장. 요양보호사와의 협력, 신뢰가 답이다.

의사는 병을 진단하고 치료하는 사람이다. 반면 요양보호사는 일상생활 속에서 환자의 곁을 지키는 사람이다. 통합돌봄 현장에서 두 역할은 다르지만, 자신의 임무만 해서는 돌봄의 질을 높일 수 없다.

요양보호사는 가장 가까운 일상 동반자다. 매일같이 식사 보조를 하고, 세면과 배변을 돕고, 집 안의 분위기까지 살핀다. 이런 관계 속에서 의료진이 못 보는 징후, 미세한 변화를 먼저 알아채는 사람도 바로 요양보호사다.

필자는 환자의 집에 방문할 때 요양보호사의 말로 진료 방향이 바뀐 경험이 있다. "며칠 전부터 밥을 잘 안 드세요." "소변 색이 진해졌어요." "말수가 부쩍 줄었어요." 이 짧은 말 속에 환자의 상태 변화가 숨어 있다. 이야기를 듣는 것. 그것이 협력의 시작이다.

의사는 의학과 진단에 근거한 결정을 내리지만, 요양보호사는 감각과 경험으로 환자의 일상에 스며든다. 서로의 관점을 존중할 때, 통합돌봄은 진정한 힘을 갖는다.

신뢰가 곧 돌봄의 품질이다. 요양보호사의 말보다 혈압, 당 수치 등 객관적 지표가 더 신뢰를 받는다. 그러나 진정한 통합은 숫자보다 관계에서 시작된다. 요양보호사를 협력자로 대할 때, 요양보호사도 자신의 역할을 적극적으로 수행할 수 있다.

  신뢰는 명령이나 지시로 쌓이지 않는다. 눈을 마주치고, 이야기를 듣고, 의견을 묻는 등 사소한 행동들이 신뢰로 이어진다. 신뢰는 환자의 안전과 삶의 질을 지키는 든든한 기반이 된다.

  통합 돌봄의 핵심은 팀워크다. 통합돌봄은 협업으로 완성된다. 의사, 간호사, 사회복지사, 요양보호사가 각자의 역할을 충실히 하되, 서로를 연결하는 신뢰와 협력이 있어야 팀이 된다. 모든 걸 혼자 하는 의사는 없다. 더 나은 돌봄을 위해 현장의 소리를 듣고, 동료의 손을 잡아야 한다. 자신의 역할을 충실히 수행하는 요양보호사에게 감사 인사를 아끼지 마라.

  "좋은 정보 주셔서 감사해요."

  "오늘 많이 도와주셔서 진료가 잘 됐어요."

  "항상 어르신 잘 챙겨주셔서 믿음이 갑니다."

  이 한마디는 온종일 몸으로 일하는 사람에게 격려가 된다. 그런 팀은 오래 간다. 방문진료의 절반은 의사와 간호사가, 나머지 절반은 요양보호사가 완성한다. 요양보호사와의 협력, 신뢰가 답이다. 신뢰 안에서 환자는 편안하고 존엄한 삶을 살아간다.

44장. 건강보험 수가 체계의 한계

통합돌봄의 핵심은 집에서 살아가는 삶을 위한 의료와 돌봄의 결합이다. 그러나 방문진료에 참여하는 의사는 부족하다. 의료진이 마주하는 벽은 건강보험 수가 체계의 한계다. 2025년 현재, 방문진료는 시범사업 형태로 수가가 마련되어 있다. 일차의료 방문진료 시범사업, 장기요양 재택의료 시범사업, 장애인 건강주치의 시범사업 등이 있다.

수가란 의료 행위에 대한 보상이며, 의료에 대한 사회적 합의의 결과다. 방문진료는 건강보험공단이 정한 수가를 기준으로 진료비를 청구한다. 이 수가는 한정된 조건에서 적용되며, 환자의 실제 상황을 반영하기엔 부족하다.

방문진료의 수가는 한 번의 방문에 대한 보상이다. 이동에 소요하는 시간, 진료 외 복약 지도나 보호자 상담, 다양한 서류 작성(장기요양 등급 신청서, 의사소견서, 약국 전달용 복약정보 등)은 수가에 포함되지 않거나 별도 보상이 없다. 야간이나 응급상황, 도서 산간 지역 방문 같은 진료환경에 대한 가산 수가도 없다.

지역 장기요양 센터장의 요청으로 강원도에 방문진료를 다녀온 적이 있다. 낡은 시골 집에 누워있는 환자. 환자의 절반 정도 체구의 배우자. 가까운 병원으로 모시려 해도 구급차를 불러야 한다. 의정부에서 왕복

3시간을 다녀왔으니, 병원에 방문하기 어려운 것은 분명하다. 하지만 보상이 같으니, 재방문이 망설여졌다.

현재 의료 수가는 병원 중심의 구조로 방문진료(재택의료)에 맞지 않다. 기존 수가는 의사와 환자가 병원에서 만나고, 간호사·검사실·수납창구 등의 자원이 뒷받침되는 구조다. 그러나 재택의료, 특히 방문진료는 다른 환경에서 이뤄진다.

의사는 가방을 메고 휴대용 프린터를 들고, 간호사는 다양한 의료 소모품 가방 등 무거운 짐을 들고 간다. 주차도 어렵다. 차를 빼달라는 전화를 수시로 받는다. 진료기록은 노트북으로, 미리 충전한 휴대용 프린터를 사용한다. 같은 진찰료를 받아도, 걸리는 시간과 노력은 배가 된다.

방문진료는 진료만으로 끝나지 않는다. 의료와 복지, 돌봄의 중간에서 다양한 조정과 연계가 이뤄진다. 치매 환자 평가 후 보호자에게 복지자원 정보 설명, 재가복지센터와 연결하는 과정을 단순 진찰 행위로 보상받는 구조는 지속 가능성이 없다.

현재의 수가 구조는 통합이 아닌 단편적 행위 기준으로 설계돼 있어, 다학제 협력 기반의 통합돌봄과는 거리가 있다. 이러한 구조는 결국 진료의 질을 떨어뜨리고, 의사의 참여를 저해하게 된다.

지속가능한 방문진료를 위해 다음과 같은 제안을 한다.

방문진료 전용 수가체계를 신설한다. 이동시간, 행정업무, 연계활동까지 반영한 복합 수가 모델이 필요하다. 팀 기반 수가로 의사, 간호사, 사회복지사 등 협업을 전제로 한 통합 관리료를 만든다. 중요한 역할을 하는 사회복지사 수가가 없다. 의료-요양 연계 가산을 만든다. 장기요양센터,

방문간호센터 등과의 실질적 연계를 수행할 때 가산을 부여한다.

수가가 낮다는 것은 돈의 문제가 아니다. 방문진료의 행위를 가치 있게 보느냐에 대한 신호다. 지금의 방문진료 수가는 의사 참여를 높이지 못한다. 의료인의 방문을 헌신이나 선의로만 남지 않도록 수가는 의료의 무게를 반영해야 한다.

45장. 응급환자 대응 체계의 필요성

　통합돌봄은 일상 속 건강과 돌봄을 연결하는 제도지만, 그 체계가 빛을 발하는 순간은 위기의 순간, 응급상황이다. 고령자, 만성질환자, 독거노인이 주로 대상인 통합돌봄에서는 갑작스러운 건강 악화나 돌발상황이 발생할 수 있다. 즉시 대응 가능한 의료 시스템이 준비되어 있지 않다면, 돌봄 구조는 무너질 수 있다.
　위기는 예고 없이 찾아온다. 고혈압 환자의 새벽 두통, 당뇨 환자의 저혈당 쇼크, 폐렴 환자의 갑작스러운 호흡곤란, 치매 어르신의 밤중 낙상. 이런 상황은 누구에게나 일어날 수 있다. 특히 의료 취약층에게는 생명 위협으로 직결된다. 현재 대부분의 응급상황은 119 이송 → 응급실 진료 → 입원 또는 귀가라는 일방향 구조로 진행된다.
　하지만 응급실은 과밀화되어 있고, 고령자 친화 환경이 아니다. 119 구조대는 의료적 판단을 내릴 수 있는 체계가 부족하다. 일상적으로 환자를 돌보는 주치의나 요양보호사와 단절된 응급상황 대응이 문제다. 응급상황은 전체 통합돌봄의 흐름에서 분리된 외부 사건처럼 처리되고 있으며, 이는 의료 연속성과 신뢰 체계의 붕괴를 초래한다.
　통합돌봄에서 응급대응 체계는 선택이 아닌 필수다. 고령 환자의 입장에서 중요한 것은 어디가 아프냐 뿐 아니라, 그 상황에서 누구에게 연락

할 수 있느냐다. 신속하고 적절한 대응은 환자의 생명을 살릴 뿐 아니라, 불필요한 병원 이송과 의료비용 낭비도 줄인다. 이를 위해선 다음과 같은 통합형 응급대응 체계가 필요하다.

* 24시간 의료 상담 핫라인 또는 전담팀 운영

환자 상태를 1차적으로 판단하고, 병원 이송 여부 또는 가정 내 조치 가능 여부를 선별한다. 간호사, 의사, 사회복지사 등으로 구성된 통합 돌봄 전담 인력이 필요하다.

* 지역 주치의 또는 연계 병원과의 실시간 정보 공유

환자가 어느 병원에 다녔는지, 어떤 약을 먹고 있는지 즉시 확인 가능해야 한다. 현재 시스템은 불가능하며, 이를 위해서는 공용 전자의무기록 시스템 또는 지역 건강 플랫폼 구축이 필요하다.

* 재택 응급대응 인프라 확보

방문간호사 또는 1차 의료기관이 가정으로 직접 응급 방문할 수 있는 구조를 마련한다. 일정 수준의 의료장비(산소, 수액, 자동제세동기 등)와 약품 세트가 지역 단위로 비치되어 있어야 한다.

* 지자체 기반의 '의료 돌봄 긴급 대응 프로토콜' 마련

누구에게 연락하고, 어느 병원으로 연결하며, 어떻게 이송할 것인지에 대한 표준 절차를 수립한다. 통합돌봄 대상자는 평소 돌봄 계획 속에 위기 대응까지 포함해야 한다.

응급상황 대응 유무가 돌봄의 신뢰를 만든다. 통합돌봄이 '일상'을 지키는 제도라면, 응급 대응은 그 일상이 무너지지 않게 하는 안전망이다. 환자와 가족이 안심하고 집에서 살려면 위급할 때 연결될 수 있는 체계가 있어야 한다. 이는 지역사회의 신뢰 인프라를 구축하는 일이다. 응급 대응 없는 통합돌봄은, 기초 없는 건물과 같다. 이제는 응급 대응을 '별도 서비스'가 아닌 '돌봄의 일부'로 제도화해야 할 시점이다.

46장. 야간 방문진료-제도적 공백

- 야간 방문 진료를 하는
서울 신내의원 이상범원장 -

밤이 되면 환자는 고립된다. 낮에는 요양보호사가 있고, 병원도 열려 있다. 그러나 밤이 되면 상황이 달라진다. 열이 나거나, 소변줄이 막히거나, 정신이 혼미해질 때. 어디에 연락해야 할지 모른다. 그때 필요한 것이 야간 방문진료다.

하지만 정부는 야간의 방문진료를 인정하지 않는다. 야간, 공휴일, 응급 상황에서 의료진이 환자를 직접 찾아가는 구조는 제도 밖의 영역이다. 서울신내의원 이상범 원장(재택의료학회 총무이사)은 방문진료 완성도와 신뢰 구축을 위해 야간 당직 방문진료를 제안했다. 서울 동북지역의 방문진료 의원에서 당직을 선다. 지자체에서 의료 물품과 장비가 실린 차를 제공하고, 야간 전담 인력을 구성한다. 이상범 원장의 제안이다.

야간 방문이 필요한 이유는 분명하다. 의사 입장에서 야간 방문진료는 리스크가 크다. 하지만 환자 입장에서 야간은 의료의 사각지대다. 증상으로 응급실에 가기엔 애매하고, 전화상 조치로는 불안한 경우가 있다. 의사가 직접 방문해 기본적인 진료와 판단을 한다면 이송이나 병원 입원 등 의료비 부담을 줄일 수 있다. 그러나 그 판단을 수행할 수 있는 제도적 장치는 존재하지 않는다.

고령 인구 비율이 높은 일본에서는 야간·심야 방문진료 체계가 있다. 의사들의 지역 연합(의사회 협력), 지자체의 지원, 병원-재택의료기관의 연계라는 삼각 구도로 24시간 의료 체계를 운영 중이다.

지역 내 개원의들이 순번제로 팀을 구성한다. 이렇게 해서 과중한 부담 없이 지속 가능한 야간 진료를 유지한다. 의사들에게 공용 차량, 필수 의료 물품 등을 제공한다. 행정 예산이 투입되어 의료진은 진료에만 집중할 수 있는 환경을 보장한다. 긴급 입원이 필요한 경우 연계 병원을 확보한다. 진료 책임 소재, 의료사고 시 면책 범위 등에 대한 가이드 라인을 제시한다.

야간 방문진료가 무분별하게 시행되어서는 안 된다. 명확한 기준과 책임 주체, 수가 체계가 마련된 조건부 운영이라면 충분히 도입 가능하다. 중증 만성질환자, 말기 환자, 재택의료 등록 대상자 중심으로 제한적으로 운영한다.

지자체 또는 지역통합돌봄 네트워크 기반의 협력 모델을 구축한다. 야간 가산 수가 및 방문 차량, 의료 물품, 인력 지원이 필요하다. 진료 후 전자 기록연동 및 24시간 대응체계와의 연결 그리고 법적 책임 범위 명확화해야 한다.

이런 구조가 만들어진다면, 야간 방문진료를 통해 불필요한 응급실 방문 감소, 보호자와 독거노인의 의료 불안 해소, 지역 내 의료인의 지속 가능한 참여 유도, 통합 돌봄 체계 안에서의 의료 연속성 강화가 가능해질 것이다.

47장. 서류와 행정, 진료 외의 업무

통합돌봄 현장에서 의사는 진료만 하는 사람이 아니다. 환자의 집을 방문하면, 진료보다 많은 시간을 소모하는 것이 서류와 행정이다. 그것은 부차적인 일이 아니다. 의료와 복지를 잇는 연결고리이자, 제도와 환자를 잇는 창구다. 방문진료 의사에게 요구되는 수많은 비의료 업무, 행정업무는 다음과 같다.

1. 장기요양 등급 신청 의사소견서,
2. 보건소/복지관 연계용 진단서 및 처방전
3. 보호자 상담
4. 요양보호사 생활지도
5. 시설입소나 입원 시 의무기록 사본 작성,
6. 소명 자료 제공 등 일상처럼 따라온다.

이 모든 업무는 수가 항목에는 포함되지 않으며, 행정처리 과정에서 반복적인 팩스 전송, 전화 통화, 정보 입력 등이 발생한다. 진료 현장에서 의사는, 돌봄 체계를 위한 행정 조정자 역할을 한다.

행정과 서류는 환자에게 필요한 제도를 연결하는 도구다. 이를 의사에게만 맡긴다면, 진료 시간은 줄어들고, 행정 피로감은 커진다. 기관마다 요구하는 양식과 기준이 다르다. 책임은 의사에게만 집중되는 구조는 현장의 피로를 가중시킨다.

　돌봄을 설계하려면, 의사는 진료 중심이어야 한다. 통합돌봄은 서류만으로 작동하지 않는다. 현장에서 진찰, 관찰, 상담, 판단이 돌봄 방향을 정하고, 자원을 배분하는 기준이 되어야 한다. 진료 외 업무를 분산할 수 있는 구조적 장치가 필요하다.

　통합 서식 표준화 및 전산화가 필요하다. 장기요양, 방문간호, 보건소, 복지관 등에서 요구하는 서류를 하나의 통합 양식으로 연계한다. 그 서류는 전자 의무기록(EMR)에서 연동 가능하도록 한다.

　통합돌봄 코디네이터 또는 간호사가 행정 요청을 수집·정리하고 전달한다. 이들은 복지기관과 의사 간의 중재자 역할을 하며, 전화 및 문서 등을 조율한다. 서류작성, 기관 협의, 사례회의 참여 등 의료 행정 활동에 대한 직접 보상 체계가 있어야 원활하게 작동할 것이다.

　필요한 진료 외 업무를 줄이는 것이 아니라, 가치를 인정하고 체계화해야 한다. 의사의 역할은 지역에서 돌봄을 설계하고 조정하는 전문가가 되어야 한다. 그렇다면 전문성에 걸맞은 구조와 지원이 필요하다. 진료를 중심에 두기 위해서라도, 서류와 행정을 의료진의 어깨에만 지워져서는 안 된다.

　진료는 마음이고, 행정은 시스템이어야 한다.

48장. 물품 지원과 안전 확보

가방 하나 메고 떠나는 진료. 방문진료는 이동 진료다. 병원처럼 책상도 의자도 조명도 없다. 손 씻을 공간이 없는 곳도 많다. 의사는 가방 하나에 청진기, 혈압계, 체온계, 산소포화도 측정기, 드레싱 키트, Foley 카테터, 주사기, 거즈, 약물, 프린터까지. 작은 병원을 구성해 환자 집으로 간다.

통합 돌봄은 의료 인력이 방문하는 것으로 완성되지 않는다. 환자의 일상과 의료 상황을 안전하게 유지하기 위해 적절한 물품과 환경이 필수다. 물품 지원은 지속 가능한 재택생활을 위한 핵심 인프라다.

재택의료는 병원과 달리 집이라는 공간에서 이뤄진다. 침대 위치, 욕실 구조, 조명 밝기, 환기 상태 모두가 안전과 관련된 요소다. 의료진, 요양보호사의 헌신뿐 아니라 적절한 장비와 물품이 갖춰져야 통합돌봄의 품질이 유지된다.

의료 관리에 필요한 물품은 다음과 같다. 드레싱 세트, 소독용품, 배뇨·배변 관리용품(유치도뇨관 세트 등), 경관식, 석션기, 혈압계, 혈당측정기 등이다. 생활 안전과 편의를 위한 복지용구로는 병원용 침대(높이 조절 가능한 전동 침대), 이동 보조기(워커, 휠체어), 안전 손잡이, 미끄럼 방지 매트, 자동 가스 차단기 등이다. 돌봄 제공자를 위한 보호 물품으로 장갑, 앞치마, 손소독제 등이다.

지원이 부족하면 돌봄도 위험해진다. 욕창 환자에 체위 변경용 쿠션이 없다면 욕창이 악화될 것이다. 화장실 문턱이 있고, 손잡이가 없다면 넘어짐과 골절이 생길 수 있다. 기저귀가 부족하다면 피부병, 감염, 악취가 생긴다. 이는 돌봄을 제공하는 요양보호사나 보호자를 힘들게 한다.

물품 지원도 통합되어야 한다. 장기요양 등급자는 복지용구 지원을 받는다. 보건소에서 기초건강 관리 물품을 제공한다. 지자체별로 물품 바우처 사업을 한다. 중복 수급자 혹은 누락 수급자가 생긴다.

다음과 같은 제안을 한다.
- 재택돌봄 키트를 표준화 한다. 질환별·상황별로 구성된 기본 키트를 지역 보건소 또는 통합돌봄지원센터에서 관리·지급한다.
- 현장 제공자가 필요한 물품을 신청한다. 요양보호사, 간호사, 의사 등 현장에서 필요한 물품을 신청하거나 제안한다. 지자체, 보건소, 복지기관이 정보를 공유하면 좋을 것이다.
- 통합돌봄의 품질은 물품에서 시작된다. 좋은 사람과 적절한 도구, 안전한 환경, 이 세 가지가 함께할 때 돌봄은 지속 가능하고, 환자의 삶은 존엄해진다. 물품 지원과 안전 확보는 현장을 지키는 힘이며, 돌봄과 의료의 간극을 메우는 연결 고리다.

[헬스경향 칼럼 노동훈 원장의 사례로 본 재택의료 3탄]
수유동 골육종 할머니 이야기

다운 재가센터장으로부터 골육종으로 좌측 고관절 부위를 절단한 환자가 있다는 연락을 받았다. 주차가 불편하니 인근에 적당히 주차하고 환자가 보행이 곤란해 문을 열어줄 수 없으니 요양보호사가 있는 시간에 방문해야 한다고 했다. 4호선 수유역과 우이신설선 가오리역 중간쯤 위치한 주택이었다. 서울 방문진료는 최소 30분 이상의 이동시간이 걸리며 주차가 어렵다. 방문진료 중 차를 빼달라는 연락을 받는 경우도 있다.

연락받은 장소에 도착했다. 작은 방과 거실 겸 주방, 화장실이 딸린 집이었다. 침대에 누워계신 할머니에게 인사를 했다. 목에 청진기를 두르고 가방을 멘 남자가 찾아오면 경계심을 가질 수밖에 없다. 진료만큼 중요한 것은 환자와 관계를 어떻게 맺느냐이다. 귀가 어두운 분들이 많아 밝게 웃으며 큰소리로 인사하고 손을 잡는다. 여기까지만 돼도 관계 형성의 첫 단추는 꿴 셈이다.

한쪽 다리가 없는 할머니가 누워계신 병원용 침대는 장기요양 복지용구 지원 제도로 얻은 것이다. 이 제도는 복지용구 예비급여 시범사업으로 재가수급자는 연 160만원 내에서 복지용구를 구입 또는 대여할 수 있다. 돌봄 부담 완화를 위해 장기요양 재가수급자의 일상생활, 신체활동에 필요한 용구를 제공한다. 이용 중인 장기요양기관에 문의하면 더 자세한 설명을 들을 수 있다.

2023년 8월 첫 방문 후 할머니를 잊을 수 없었다. 찬바람이 불기 시작하는 11월 통증이 심해 방문진료 요청이 왔었다. 침대 머리맡에 다수의 진통제가 있었다. 의족을 착용하는 것이 아파 평소에는 사용하지 않는다고 했다. 진통제로 통증 조절이 될 때도 있지만 그렇지 못할 때는 밤새 아프다고 했다. 이후 매달 방문해 주사로 통증을 조절했다.

골육종은 긴뼈에 주로 발생하는 악성종양이다. 흔히 발생하는 부위는 무릎 주변 뼈이다. 원인을 찾기도, 예방도 어렵다. 엑스레이(X-ray)에 이상소견이 보이면 종양 전문 정형외과 전문의에게 의뢰하고 수술 후 조직검사로 확진한다. 폐CT와 MR, 뼈 스캔검사로 전이 여부를 확인한다. 치료법으로는 수술, 항암 약물치료, 방사선치료가 있다. 전이가 없는 경우 5년생존율은 60~70%이다.

할머니는 철도청에서 오랫동안 근무하셨다고 했다. 85세 할머니가 철도청에 근무할 당시 여성 인력은 적었다. 철도청에서 새로운 분야에 여성을 보낼 때 항상 자신이 선발됐다고 했다. 역량과 사람됨을 인정받았기에 가능했으리라. 직장에서 인정받으며 성실하게 살았지만 질병이 생긴 후 직장을 그만두고 이혼한 뒤 현재는 혼자 살고 있다고 했다. 마음이 아팠다.

전화번호를 알려드리고 통증이 심하면 언제든 방문진료 예약을 잡으시라고 말씀드렸다. 장기요양 재택의료를 설명드리고 월 2회 의료진이 방문해 통증 및 기본 진료를 하겠다고 했다. 장기요양 재택의료서비스는 재가수급자로 거동이 불편하고 재택의료가 필요하다고 의사가 판단한 경우 가능하다. 의사, 간호사, 사회복지사 팀 단위로 가정에 방문해 케어 플랜 수립, 방문진료 및 간호, 지역사회 자원 연계를 한다.

매달 의사, 간호사가 방문하면 (결론적으로) 환자에게 잔소리를 하게 된다. 식사를 못 해 기력이 쇠하면 환자와 대화하면서 원인을 찾고 해결책을 제시한다. 통증이 있다면 일상생활을 파악하고 통증의 원인을 제거한다. 필요하면 진통제도 처방한다. 환자의 컨디션이 좋아지고 보호자의 만족도도 높다. 요양원의 촉탁의사가 월 2회 방문하는 것처럼 재가수급자에게도 의료서비스를 제공하는 것이다.

수유동 할머니 진료를 마치면서 다음 달까지 평안하게 잘 계시기를 바라는 마음으로 항상 손을 잡는다. 그러면서 할머니 얼굴을 보는데 언제나 할머니의 눈가는 촉촉해져 있다. 거동이 불편해 외부 출입이 불가능하고 요양보호사 외엔 사람을 만나기 어려운 현실. 그런데 의사, 간호사가 방문해 도란도란 얘기도 하고 통증도 조절하니 그런 것 같다. 고령자는 언제나 사람의 온기가 그리운가 보다.

"길을 떠나기 전, 여행자는 여행에서 달성할 목적과 동기를 가지고 있어야 한다."
(Before he sets out, the traveler must possess fixed interests
and facilities to be served by travel.)

- 조지 산타야나 George Santayana
에스파냐 출생의 미국 철학자 겸 시인

4부. 환자와 가족, 그리고 삶

49장. 집이라는 진료실

처음 방문진료를 할 때 막막했다. 방문진료를 알리는 것도 어려웠고, 진료 요청 전화를 받는 것도 힘들었다. 처음 전화를 걸어온 보호자는 한참 머뭇거렸다. '00에게 이야기 들었는데 혹시 집으로 오셔서 진료와 영양제를 해주실 수 있나요.' 했다.

나보다 더 긴장한 수화기 너머의 목소리는 조심스러웠다. 방문진료 제도가 있고, 거동이 불편하면 진료 요청을 할 수 있는데, 죄송하다, 미안하다고 말했다.

의정부와 서울의 경계에 있는 아파트. 90세 노모는 기력이 없어 누워만 있었다. 무더위에 지쳤고, 식사를 못해 앉아 있을 힘도 없었다. 처음엔 업어서, 다음엔 휠체어를 빌려서 승용차로 병원으로 모시고 갔다. 병원까지 가는 것도 힘들었지만, 접수와 진료 대기, 진료 후 처치까지. 시간도 오래 걸렸지만, 기력이 쇠한 노모가 견딜 수 있는지가 걱정이었다.

혈압과 심장박동, 체온 등을 측정한 후 간호사는 수액을 연결했다. 그 과정에서 자연스럽게 아들의 이야기를 들을 수 있었다. 어머니의 과거 병력에서 최근의 가족사까지 이야기가 이어졌다. 8남매를 키우느라 고생하신 어머니인데, 최근 부쩍 약해지셔서 걱정이란 말까지.

그렇게 진료를 마쳤다. 2주 뒤 다시 연락이 왔다. 지난번 영양제를 맞은 후 좋아지셨는데, 재방문 가능한지 물었다. 병원에 방문하는 것만으로 며칠간 탈진 상태가 되었는데, 집에서 영양제를 맞으니 좋았다고 한다. 그렇게 수차례 더 방문했었다.

병원이 아니라, 살던 집이 진료실이 되어야 한다는 절박한 요청. 보호자의 편의만 생각한 것은 아니었다. 환자를 위해서도 필요하다. 돌봄의 한계에 도달한 한 가족이, 무너지지 않도록 돕는 손길이기도 하다.

거실 중간에 놓인 병원용 침대, 침대 옆의 이동식 변기, 음식을 잘게 다져 만든 죽으로 식사를 돕는 보호자의 일상. 침대에 누워 옅은 숨을 쉬며 천장을 보는 환자의 눈빛. 집은 질병과 돌봄이 있는 작은 진료실이 되었다.

병원에 환자를 모시고 오는 것이 고통이 되어버린 사람들. 이들에게 의사가 가는 것은 단순한 이동 수단만의 문제가 아니다. 그것은 의료가 삶에 다가가는 방식이며, 의사가 질병이 아닌 사람을 보는 진료다.

방문진료는 누군가의 삶의 문을 노크하는 일이다. 그리고 문턱을 넘을 때 마주하는 건 환자와 함께 사랑을 지키려 애쓰는 가족의 시간이다.

진료실의 기준은 병원 건축법과 의료법에 따라 정해져 있고 방문진료는 외래진료의 확장으로 취급되어 집에서의 진료환경이나 위험요소에 대한 지원은 없다. 하지만 많은 고령자, 중증장애인, 치매 환자들이 집에서 살아가기를 희망한다.

환자와 보호자를 위한 방문진료가 필요하다.

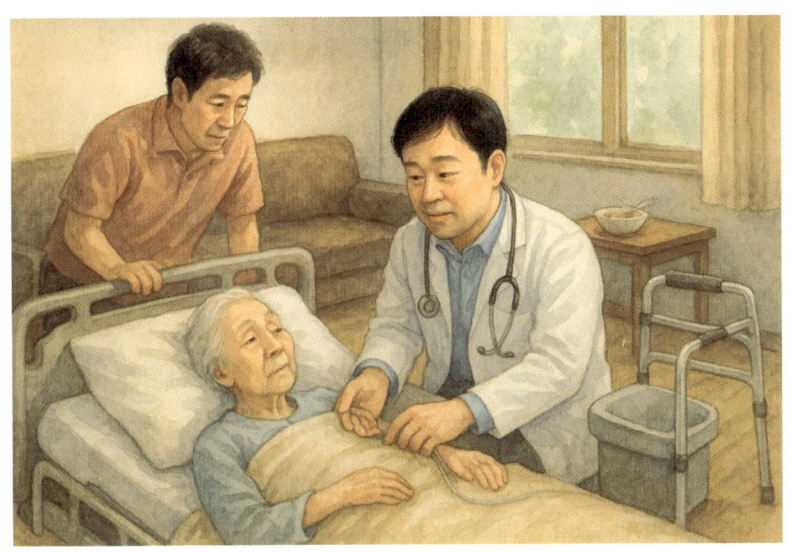

50장. 방문진료 시간은 누구의 것인가

진료실에서 환자 한 명에게 주어지는 시간은 짧다. 저수가 저보장의 건강보험 제도에서 많은 환자를 보는 것이 이롭기 때문이다. 진료 접수와 수납, 검사와 처방이 익숙하게 흐르는 병원 시스템 속에서 의사의 시간은 '배분'의 대상이다. 대기 환자 수와 업무량, 외래 스케줄에 따라 분 단위로 쪼개져 배정된다.

그러나 방문진료 시간은 다르다. 정해진 틀이 없다.

약속된 시각에 도착해도, 문을 열고 신발을 벗고 환자가 있는 곳을 찾아가 적절한 위치에 앉는 데만 몇 분이 걸린다. 노트북을 켜고 휴대용 프린터를 연결한다. 환자와 눈을 마주치고 인사한다. 보호자와 대화하며 상태를 파악하는데만 몇 분이 걸린다. 진료를 마치고 다음 계획을 이야기하다 보면 30분, 40분, 때로는 한 시간이 훌쩍 지나 있다.

이 시간은 누구의 것인가. 병원에서는 진료 시간이 너무 길다는 대기 환자의 항의가 있을 수 있다. 하지만 환자의 집, 좁은 방 안에서는 시간이 흐르는 속도가 다르다.

불안한 눈빛으로 보는 환자. 처음 보는 의사가 어떤 사람인지 불안한 보호자. 돌봄에 지친 자신이 얼마나 힘든지 말하는 보호자. 이런 모습을 보고 마음을 여는 환자와의 대화.

그들에게 진료는 처방이나 검사가 아니라, 기다림의 끝에서 만나는 의사이자 사람이다. 그 시간은 치료의 시간이자 안심의 시간이며, 고립감에서 벗어나는 위로의 시간이 된다.

의사 입장에서 방문진료는 예측할 수 없는 시간이다. 다음 집까지의 거리, 환자의 상태 변화, 다양한 문제를 해결해 달라는 요청까지. 다음 집을 방문하는 동안 언제 오느냐는 보호자의 독촉 전화도 온다. 시간을 맞출 수 없으면 불만을 표출하는 사람도 많다.

방문 진료를 시간으로만 본다면, 비효율적이고 불규칙하다. 하지만 그 안에는 우리가 잊고 있던 의료의 본질이 숨어 있다. 진료 시간을 효율적으로 배분해 다음 진료에 늦으면 안 되는 것을 전제로 하되, 누군가에게 꼭 필요한 시간만큼 머무는 일이어야 한다.

어떤 환자에게는 10분이면 충분하고, 어떤 보호자에게는 20분이 짧다. 의사는 그 시간의 무게를 판단하고 조율해야 한다. 방문진료의 시간은 누구의 것이 아닌, 함께 쓰는 시간이다.

- 진료 시간이 끝나고 문을 나설 때, 우리는 서로에게 가까워져 있다. 그것이 방문진료가 만드는 치유의 시간이다 -

51장. 와상 환자의 삶 - 자세, 식사, 욕창

방문진료를 하다 보면, 움직이지 못하는 환자, 누워서 살아가는 삶을 만난다. 1평 침대 위 공간이 삶의 전부가 되어버린 사람들. 와상 환자는 스스로 돌볼 수 없는 상태이며, 하루 24시간, 1주일 168시간을 누운 채로 지낸다. 그들의 삶은 수동적이다.

와상 환자에게 중요한 세 가지는 자세, 식사, 욕창이다. 이 세 가지는 서로 얽히고 중첩되어 환자의 삶을 지탱하거나 무너뜨린다.

방문할 때마다 나는 환자의 자세를 본다. 한쪽으로만 누워있지 않은지. 스스로 체위를 변경할 수 있는지. 어깨, 골반, 발목이 어떻게 놓여 있는지. 관절구축은 없는지.

자세가 그 사람의 하루를 알려준다. 건강한 사람도 잘 때 베개가 조금만 어긋나도, 뒷목이 뻣뻣해지고 어깨가 결린다. 이불의 작은 주름 하나가, 잠을 설치게 한다.

와상 환자는 이런 사소한 것들이 환자 컨디션을 악화시킨다. 소화를 방해한다. 욕창을 악화시킨다. 와상 환자는 그저 누워있는 사람이 아니라, 고통과 싸우며 하루를 보내는 사람이다.

두 번째는 식사다. 침대를 세워 앉을 수 있는지, 아니면 거의 누운 채 식사를 하는지 파악한다. 그것은 단순한 불편이 아니라, 위험한 일이 생길 수 있다. 기침할 때 일으켜줄 사람이 없다면, 소량의 음식물이 폐로 들어가 삶을 위협한다면. 누군가는 당연한 식사지만 와상 환자는 밥을 먹는 것도 위험하기도 하다. 가족은 매순간 고비를 넘으며 살아간다.

　진료를 마치고 나올 때, 환자와 보호자의 눈을 한 번 더 본다. 그들의 피로와 책임이 내 마음에도 쌓인다.

　세 번째는 욕창이다. 차트에 욕창 3단계라고 쓰지만, 현장에서 보는 건 뼈와 근육이 드러난 욕창이다. 진물이 흐르고, 악취가 나며, 고통에 몸부림치는 인간을 본다. 항생제를 처방하고 드레싱을 하지만 더 중요한 것은 환자의 고통에 공감하는 것이다.

　욕창은 단순한 상처가 아니다. 누군가의 몸이 하루하루 침묵 속에서 무너지는 증거다. 욕창은 보호자에게도 자책으로 남는다. '자주 체위변경을 했다'면하고 자책한다. 하지만 보호자들은 충분히 애쓰고 있다. 오히려 이만큼 지켜낸 것만으로도 잘하고 계십니다 라고 말한다. 그리고 '함께 욕창 치료'하자고 한다.

　와상 환자도 움직여야 한다. 움직일 수 없는 상황이지만 누군가의 도움으로 계속 움직여야 유지된다. 그 곁에 방문진료가 있다는 건, 단순 진료 이상의 의미. 정지된 시간 속에 누군가의 손길이 닿아 있다는 증거이며, 아무 말 못하는 환자도 존엄한 존재임을 알려주는 일이다.

　한 명의 와상 환자를 돌보기 위해서는 체위변경, 식사 돌봄, 배설 후 위생관리, 피부 관찰, 정기적 드레싱이 필요하다. 이 모든 과정을 가족 한 명 또는 요양보호사 한 명에게 맡기는 것은 방치에 가깝다.

　의사가 현장에 개입하여 환자의 삶을 이해하며, 치료가 구조적 돌봄과 연결될 때, 와상 환자의 삶은 무너지지 않는다.

52장. 노인 우울증, 약보다 필요한 것

의정부 신촌로 골목길에 주차했다. 처음 방문하는 집인데 비가 와서 집을 찾기 어려웠다. 큰소리로 환자를 불렀고, 대답을 듣고서야 집을 찾을 수 있었다. 꾀재재한 얼굴의 70대 남성이 나왔다. 오랫동안 방에서 담배를 피웠는지 담배 냄새가 심했다. 재떨이로 사용하는 양은 냄비까지.

환자는 죽겠다는 말만 계속했다. 진료비를 말하면 안 된다는 주의를 잊었고, 환자가 크게 화를 내기도 했다. 조심스러운 집이었다.

다음 방문에서 나 말고 다른 사람이 있었다. 건강보험공단 의정부 지사에서 나온 분들이었다. 알고 보니 환자는 극심한 우울증 끝에 자살 시도를 했었다. 그동안 진료가 힘들었던 것이 이해되었고, 혹여나 해서 우울증약을 처방했던 것이 다행이라 여겨졌다.

문제는 환자가 약을 제대로 챙겨 먹는지 알 수 없다는 것이었다. 복약 캘린더를 전해주며, 약을 챙길 것을 신신당부했다. 꾸준히 방문하며 환자와 관계를 맺었고, 장기요양 등급을 신청해 주간보호센터로 연계했다. 주간보호센터에서 멋들어지게 노래를 부르는 사진을 봤다. 환자의 얼굴도 밝아졌다.

-최OO(78) 씨가 의정부시 회룡로 노인복지센터의
노래 교실에서 '칠갑산'을 부르고 있다-

노년기 우울증은 감정만의 문제가 아니다. 기억력 저하, 낙상 증가, 치료 순응도 저하, 사망률 증가로 이어진다. 삶의 동력을 잃고 때로는 생명을 위협하는 고통이다. 신체 질환이나 장애로 거동이 어려운 경우, 세상과 단절되면서 우울증은 깊어진다. 대부분의 노인 우울증은 비의도적 방치 상태에 있다.

약물치료로만으로 노년 우울증을 해결할 수는 없다. 우울증은 관계의 부재에서 생기는 경우가 많기 때문이다. 항우울제(예: 에스시탈로프람, 미르타자핀 등)는 효과 있지만, 복용 시작까지 시간이 걸리고, 부작용도 고려해야 한다. 졸림, 어지럼, 혼동. 항콜린성 부작용으로 인한 배뇨장애, 변비 등. 약 이외의 해법을 고민해야 한다.

우선 시도할 수 있는 것은 하루의 구조를 만드는 것이다. 우울한 노인은 시간 개념이 약하다. 하루 종일 누워있고, 밥도 대충 먹고, 밤에 TV를 보다 잔다. 주간보호센터 이용, 가벼운 운동, 산책, 규칙적인 식사가 삶의 리듬을 회복시킨다. 비용 부담이 없다면 반려견도 도움이 된다.

나는 여전히 의미 있는 존재라는 인식을 심어준다. 많은 노인들은 이젠 쓸모없는 사람 같다고 한다. 자식에게 짐이 되고, 사회에서 필요 없는 존재가 된 것 같은 무력감은 우울증을 악화시킨다.

병원 문턱을 넘기 어려운 노인에게 방문진료는 단순 진료가 아니다. 관계 복원이다. 정기적으로 방문해 안부를 묻고, 몸 상태를 살피고, 이야기를 나누는 사람. 기다리는 사람이 있다는 것, 누군가 나를 보러 온다는 사실은 약으로 대신 할 수 없다.

함께 있는 것이 약이다. 노인의 우울증 치료를 위해 함께하는 시간이 필요하다. 말벗이 되고, 일상을 나누는 것은 강력한 항우울제다. 방문진료 의료진과 요양보호사의 정서적 연대는 사회적 처방(Social Prescription)이다.

노인 우울증은 약으로만 조절할 수 없다. 삶의 의미, 관계, 역할, 그리고 사람이 필요한 복합적인 문제다. 젊은 사람도 그러한데, 나이 들고 신체 기능이 저하된 경우는 더더욱 그러하다.

방문진료는 더 많은 역할을 한다. 의사는 다음에 또 뵙겠습니다 라고 말해야 한다. 노인 우울증은 치료가 아니라, 존재를 지지하는 일이다. 방문진료는 삶과 삶을 연결하는 다리가 된다.

53장. 치매 환자 가족의 고통과 회복

　치매는 한 사람의 기억과 언어, 사고와 일상생활 능력을 앗아가는 질병이다. 하지만 치매는 한 사람만 잃게 하지 않는다. 환자와 함께 살아가는 가족 모두의 시간, 감정, 삶의 중심을 흔든다.

　돌봄 부담은 시간이 갈수록 무게를 더하고, 가족은 '보호자'라는 이름으로 자신을 잃어간다. 미국 영주권자인 딸은 어머니를 돌보기 위해 하루 24시간, 1년 365일을 메여 있다. 영주권 갱신을 위한 시간도 낼 수 없다. 딸의 이야기는 절규에 가까웠다. 자신의 삶은 창살 없는 감옥과 같다고 했다.

　치매 가족의 고통은 시간과 비용만의 문제가 아니다. 수면 부족, 사회적으로 고립, 예측 불가능한 환자의 행동 등으로 보호자의 탈진은 우울증과 불안장애로 이어진다. 간병인이자 자녀였던 이들은 나는 어디에 있나라는 생각에 사로잡힌다.

　이 고통이 절망으로 이어지지 않도록 해야 한다. 통합돌봄의 역할이 여기에 있다. 혼자만 짊어지던 돌봄의 무게를, 지역사회와 나눌 때, 가족은 다시 숨 쉴 수 있다.

　방문진료는 회복의 출발점이 된다. 병원까지 모시고 가는 길은 험난하다. 병원에서 시간도 마찬가지다. 의사가 직접 찾아와 진료하는 일은 보호자에게 위안이 된다. 치매안심센터, 재가복지센터, 지역 방문간호 서비스 등과의 연계는 보호자의 간병 부담을 줄이는 해법이다.

통합돌봄은 병 자체를 치료할 수는 없어도, 병이 남긴 상처와 고립을 함께 치유할 수 있다. 치매 가족의 회복은 돌봄의 분산, 감정의 나눔 그리고 혼자가 아니라는 감각에서 시작된다.

이를 위해 현재 제한된 지역에서 실시되는 치매관리 주치의 시범사업의 전국 확대를 제안한다. 치매 환자의 건강뿐 아니라, 보호자의 탈진·우울도 정기적으로 평가하고 개입할 수 있어야 한다.

치매 가족 휴식 지원 프로그램(단기 쉼터, 보호자 상담치료 등)도 전국으로 확대하고, 장기요양서비스와 연계한 가족 돌봄 교대 시스템을 제도화해야 한다. 간병인 지원을 정기적으로 제공하여 보호자가 사회와 단절되지 않도록 돕는 것이 핵심이다.

치매안심센터-방문진료-재가복지 연계 네트워크를 구축한다. 단일 창구형 치매 통합돌봄 코디네이터 제도를 고려한다. 이를 통해 보호자는 어디에 도움을 요청해야 할지 알게 된다.

돌봄을 가족의 책임이라는 고립에서 끌어내야 한다. 가족이니까 희생해야 한다는 생각으로 이들의 절망을 방치하면 안 된다. 그 속에서 가족은 보호자이기 전에 나로 존재할 수 있고, 치매 환자의 삶도, 그 곁을 지키는 사람의 삶도 온전해질 수 있다. 우리가 마련해야 할 것은 돌봄의 품격이다.

54장. 자녀와의 갈등 속 부모의 선택

효도라는 이름의 침묵, 돌봄을 둘러싼 가족 내 갈등이 있다. 부모는 자신을 주장하지 않는다. 많은 노인은 중요한 결정을 앞두고 자녀의 뜻을 따른다. 치료를 거부하지 않지만, 자녀와의 갈등을 회피한다.

부모는 자신의 건강과 삶보다, 가족 간의 갈등을 의식한 선택을 한다. 단순한 체념이 아니다. 자녀에게 짐이 되어선 안 된다는 속마음이 있다.

고령 사회 한국에서 가족은 돌봄의 핵심이다. 하지만 핵가족, 여성의 사회진출, 경제적 어려움 등으로 가족 돌봄은 어려워졌다. 이런 구조에서 부모와 자녀 간에 갈등이 발생한다.

자녀 간의 책임 분담, 외부의 시선, 요양병원 등 돌봄 외주화에 대한 죄책감 같은 문제가 생긴다. 방문진료 현장에서 '이렇게 살아서 뭐하나, 얼른 죽어야 한다'는 분들이 많다. 자신이 처한 상황에서 가족과 자녀를 생각하기 때문이다.

많은 노인은 갈등이 심해지면, 치료를 포기하거나 혼자 생활한다. 고려장이란 과거의 방식을 떠올리며, 자기를 희생하고 침묵한다. 자식에게 짐이 되지 않으려는 마음과 자신을 주장하지 않겠다는 체념이 있다.

방문진료의 짧은 시간에 가족 구성과 역학 관계, 갈등 구조를 파악하기는 불가능하다. 그렇다고 손 놓고 있을 수는 없다. 이런 갈등을 줄이기 위해 다음 방법을 제안해 본다.

방문진료 의료인, 장기요양 기관, 행정기관은 환자의 의사를 기록한다. 노인의료의사결정표(ACP)를 표준화하여 관리한다. 가족 간 갈등을 중재하는 조정자가 필요하다. 단순 행정 전달자가 아니라, 가족 간의 의견을 조율하고, 돌봄 방식의 균형을 설계할 수 있는 사회복지사, 간호사 기반의 중재자가 필요하다.

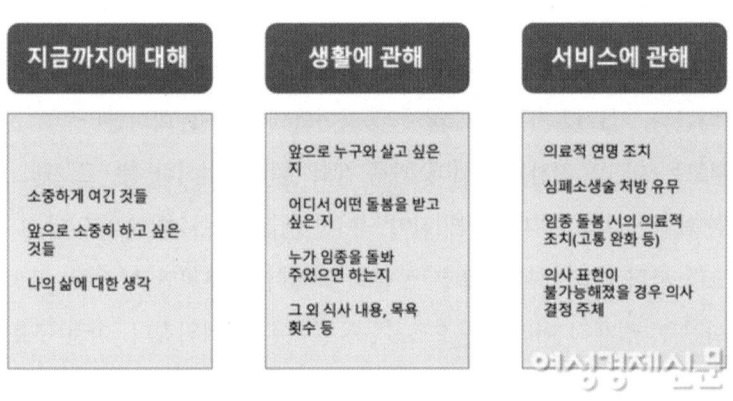

ACP 작성 내용 /도쿄도 복지보건국, 여성경제신문 재구성

가족과 단절된 독거노인, 가족 간 갈등이 있는 노인에게 공공 돌봄 매니저 파견, 돌봄 공유제(서로 다른 가족이 교차 돌봄하는 시스템)를 실험해 볼 수 있을 것이다.

자녀에게는 말하지 못하지만, 내게 조심스럽게 말하는 경우가 있다. 그 말이 진료기록이 되고, 치료 방향을 바꾸기도 한다. 가족은 회복을 바라지만 고령의 부모는 지금 관계가 유지되는 것을 중시한다.

치료의 성공보다, 자녀의 미소. 병의 진행보다, 갈등 없는 평화. 삶의 연장보다, 짐이 되지 않는 존재로 남고 싶다는 바람. 그래서 부모는 조용히 스스로 내려놓고, 자녀의 뜻에 자신을 맞춘다.

통합돌봄은 가족의 희생이 아닌, 가족이 존중받는 구조가 되어야 한다. 부모는 말할 수 있는 권리를, 자녀 혼자 짊어지지 않는 돌봄이 되어야 한다. 돌봄이란 이름으로 삶을 망가뜨려서는 안 된다.

자녀와의 갈등 속에서 부모가 내리는 선택은 사랑이 아니라 '침묵의 언어'일 수 있다. 그 침묵 속에 놓인 바람과 두려움, 상처를 의사가 대신 말해주는 것, 그것이 방문진료 의사의 역할일 것이다.

노인의료의사결정표(acp)
노인 환자가 자신의 의료에 대한 결정을 내릴 때 도움을 주기 위해 고안된 도구

연명의료 결정	생명 유지를 위한 의료 행위(인공호흡기, 심폐소생술 등)의 시행 여부를 결정할 때 환자나 보호자가 충분한 정보를 바탕으로 숙고할 수 있도록 돕는다
특정 치료 방법 선택	수술, 약물 치료 등 다양한 치료 옵션 중에서 환자에게 가장 적합한 방법을 선택할 때, 각 치료의 장단점, 부작용, 예후 등을 비교하여 의사 결정을 돕는다
사전의료의향서 작성	환자가 의사 결정 능력이 없을 때를 대비하여 미리 자신의 의료 의사를 밝혀두는 사전의료의향서를 작성할 때, 어떤 내용을 포함할지 구체적으로 고민하고 결정하는 데 도움을 준다

55장. 임종의 시간, 가족이 지켜야 할 것

삶의 마지막 순간은 누구에게나 찾아온다. 그리고 마지막 순간을 지키는 가족의 역할은 크고 어렵고 두렵다. 임종은 단지 죽음의 순간은 아니다. 삶의 완성이자, 가족의 관계를 정리하고 수용하는 과정이다.

생체 활력 징후가 소멸되며, 의식 저하, 호흡 변화, 청색증 등으로 이어진다. 수치나 말로 표현되지 않는 수많은 감정이 교차한다.

과거엔 집에서 임종했다. 병원이 많아지면서 병원에서 임종하는 분들이 많아졌고, 장례식장이 늘어나면서 장례 절차와 격식을 갖추게 되었다. 병원 임종은 분주한 사람들과 기계음이 들린다. 장례식장 장례는 고인을 기리기보다, 타인에게 보이는 것이 중시되었다.

많은 가족들이 집에서, 편안한 임종을 원한다. 방문진료와 통합돌봄은 인간적이면서 평온한 그러나 혼란스럽지 않은 죽음으로 안내한다. 임종 과정에서 가족이 지키면 좋을 것은 다음과 같다.

생전에 환자의 장례 절차 등을 물어보는 것도 좋을 것이다. 임종이 가까워지면 환자가 편안하게 세상을 떠날 수 있도록 침묵의 공간을 마련한다. 환자의 마지막 말에 귀 기울인다. 임종 순간에도 청각은 있다고 생각한다. 그동안 고마웠어요. 사랑해요. 편히 가세요 라는 말을 한다.

지나친 슬픔의 표현은 모두를 힘들게 할 뿐이다. 억지로 깨워 말을 건다거나, 음식이나 물을 먹이려 하는 것, 죽음을 막으려는 듯한 말과 행동은 자제하는 것이 좋다. 방문진료 현장에서 이런 상황을 겪으면서 당황했던 기억이 있다.

젊은 가족이나 아이들이 있다면 죽음을 자연스러운 이별 과정이라 말하는 것도 필요하다. 다음 세대도 삶과 죽음의 의미를 되새기게 될 것이다. 고인의 기억을 정리하는 과정도 필요하다. 의료진은 통증 조절 등 완화치료를 한다. 종교가 있다면 종교적 음악도 도움이 될 것이다.

요양병원을 운영하면서 집중 치료실에 입원한 환자 보호자에게 삶과 죽음에 대한 이야기를 나눈 적이 있었다. '우리 아버지가 돌아 가신다구요.' 부모의 임종을 받아들이지 못하는 보호자의 절규였다. 하지만 죽음은 피할 수 없다. 가족이 임종을 대비하는 것은 '죽은 사람과 남겨진 사람'을 위해 필요하다.

임종의 순간 함께 할 의사를 확보하는 것이 필요하다. 사망진단서(시체검안서) 발행도 필요한데, 이를 가능하게 한 것은 방문진료이다. 문제는 야간 시간, 공휴일 등 취약시간이다. 이 문제를 보완하기 위해 방문진료 의사가 뜻을 모아 재택의료 생애말기(임종기) 진료 시범사업을 하면 어떨까. 완화의료 중심의 방문진료팀, 장례 전문가가 포함되어도 좋을 것이다.

남겨진 가족의 마음을 보듬어 줄 수 있는 지원도 필요하다. 지역 돌봄센터나 복지관에서 죽음 준비 교육, 애도 프로그램 운영을 제안한다. 가족이 우울감과 트라우마를 줄이는데 도움이 될 것이다. 임종 후 행정적 절차를 위한 임종 가이드 북도 필요할 것이다.

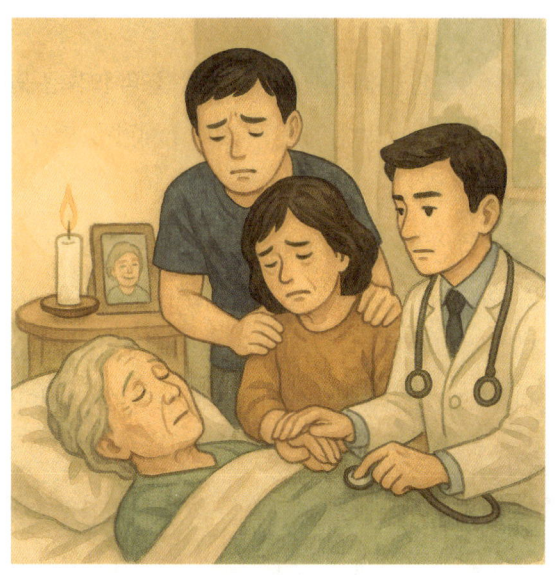

죽음은 삶의 반대말이 아니다. 삶의 일부이며, 마지막 장면일 뿐이다. 우리가 할 수 있는 것은 마지막을 함께 하는 것이다. 큰 소리로 울지 않아도 좋다. 무언가를 하지 않아도 된다. 조용히 손을 잡고, 곁에 있는 것만으로도 충분하다. 마지막을 함께했던 경험은, 남은 가족의 삶에 치유와 의미로 남는다.

죽음을 멈출 수는 없지만 고통을 줄일 수는 있다. 방문진료 의사는 삶의 끝을 정리하는 안내자가 된다. 임종 징후를 설명하고, 통증과 호흡을 조절하며, 필요 없는 처치와 약을 줄인다. 남겨진 가족이 죄책감, 후회, 허무 등으로 흔들리지 않도록 지지한다.

사람은 사라지지만, 목소리, 손길, 눈빛, 기억은 가족의 마음속에 남아 있다. 죽음이 아름답게 기억되려면 마지막 순간이 평화로워야 한다. 가족이 지켜야 할 것은 환자의 생명이 아니라 그 존엄과 사랑의 온기다.

56장. 죽음 이후의 절차 – 법과 마음

죽음은 끝이 아니라 절차의 시작이다. 환자가 숨을 멈추는 순간부터, 유족은 행정, 장례 등 복잡한 과정을 경험한다. 특히 갑작스럽고 준비되지 않은 죽음은 가족에게 혼란을 준다. 마음이 힘겨운 상황에서 유족에게 실질적인 도움을 제공하기 위해 의료진과 통합돌봄이 절실하다.

법적 절차로 사망신고를 해야 한다. 임종 현장을 지켰던 의사가 사망진단서 발급하거나, 사후에 시체검안서를 받는다. 재택에서 임종한 경우, 방문진료 의사가 방문하면 좋을 것이다. 의사가 없었거나 사망 원인이 명확하지 않은 경우 경찰에 신고하면 연계된 검안의사가 와서 시체검안서를 작성할 것이다.

사망진단서(시체 검안서)는 장례 과정에 필요한 서류다. 장례식장에 가기 위해서, 화장터를 예약할 때, 장례를 위해 휴가를 받을 때도 필요하다. 사망신고는 임종 1개월 이내에 신고 의무가 있다. 주민센터에 방문해서 사망진단서 원본과 신분증을 제출한다. 사망신고는 상속·장례 등 절차의 출발점이다.

많은 경우 장례식장에서 장례를 진행한다. 드물게 무빈소로 장례를 치르는 경우도 있다. 장례식장을 지정하면 화장터 예약, 납골당, 장지 등을 결정할 때 도움을 준다. 장례식장과 별도로 장례지도사의 도움을 받기도 한다.

사회보장 제도를 종결한다. 국민연금, 기초연금, 건강보험 등은 사망신고 시 자동 정리되기도 하지만, 별도 해지가 필요한 경우도 있다. 유족급여나 사망일 이전의 진료비 정산 등은 지자체 복지부서와 의료기관이 매뉴얼화된 연계를 갖춰야 할 것이다.

죽음을 마무리하는 가족은 법적으로 신고자가 되지만, 정서적으로는 상실, 공허함의 당사자가 된다. 왜 이렇게 빨리 떠나셨나는 죄책감, 막상 돌아가시니 허전하다는 상실감으로 고통받는다. 그러나 이런 과정을 위한 지원은 공적 돌봄 시스템에서 배제되었다.

그러나 진정한 통합돌봄이란, 죽음 이후에도 연속성을 갖춰야 한다. 통합돌봄이 죽음 이후를 준비하는 방식을 제안해 본다.

사전 임종상담과 사후 안내를 통합한다. 매뉴얼을 제공하는 것도 좋을 것이다. 방문진료 시 돌봄 계획을 세우고 가족과 공유한다. 사망 시 의료기관-장례기관-지자체가 함께 사후 처리를 지원한다. 지역 정신건강복지센터 혹은 종교단체를 통해 유족을 대상으로 애도 상담을 연계하는 것도 필요하다.

독거노인, 무연고 환자 사망 시 시체인수, 장례, 유품 정리를 감당하는 장례식장에도 실질적인 지원이 필요할 것이다.

죽음 이후의 돌봄도 의료다. 장례식 후 49재까지 고통이고, 100일이 지나도 눈물이 나오는 순간이 있다. 행정이 정리된 후에야 비로소 슬픔이 시작된다. 의사가 사망진단서를 쓰는 것도, 장례지도사가 장례를 안내하는 것도, 환자와의 마지막 대화를 유족에게 전하는 것 모두 돌봄이고, 진료의 연장선이다.

죽은 사람을 위한 배려는, 남겨진 사람의 치유이기도 하다. 법적 절차가 원활하고, 감정 정리가 될 때, 상실을 받아들이고 살아갈 수 있다. 돌봄의 목적은 잘 살다, 잘 떠나도록 돕는 것이다. 떠난 후 남겨진 사람까지 포용하는 돌봄이 사회의 품격이다.

단계	절차	상세 내용	필요 서류 및 준비물	비고
1단계: 사망 확인 및 사망 진단서 발급	의료진 연락 또는 119, 경찰 신고	평소 진료받던 의사에게 연락, 의사 방문 후 사망 확인. 사망 진단서(시체검안서) 발급. 방문 가능한 의사가 없는 경우, 119/경찰에 연락. 사망 진단서(시체검안서) 발급 요청.	- 환자의 진료 기록, 신분증	사망진단서는 10부 이상 발급 (장례식장, 주민센터, 보험, 금융기관 등 여러 곳에 필요)
2단계: 장례 절차 준비	장례식장 선택 및 계약	사망진단서(시체검안서) 발급 후, 장례식장 연락하여 장례 절차 및 비용 상담 후 계약 진행. 자택에서 장례를 치르는 경우, 상조회사 또는 장례 서비스 업체와 계약하여 물품 및 서비스를 지원 요청	- 사망진단서 (시체검안서)	장례식장 운구 시 사망진단서 (시체검안서) 필요

단계	절차	상세 내용	필요 서류 및 준비물	비고
3단계: 사망 신고	주민센터 또는 시·구청 방문	사망일로부터 1개월 이내에 주민등록지의 관할 주민센터 또는 시·구청에 사망신고. 1개월 지나면 과태료 부과.	- 사망진단서 (시체검안서) - 신고인의 신분증 - 고인의 가족관계증명서 - 도장 (서명 가능)	사망 신고는 고인의 가족 중 누구나 가능 (배우자, 직계존비속 등)
4단계: 장례 진행 및 발인	장례식장 또는 자택에서 진행	일반적으로 3일장으로 진행. 발인 시 사망진단서 1부 장례식장 제출.	사망진단서 (시체검안서)	화장 또는 매장 여부에 따라 절차 달라질 수 있음
5단계: 장사 (화장/매장) 신고	화장시설 또는 묘지 관할 지자체	화장 한 경우 화장증명서 발급. 매장 한 경우 매장 신고. 묘지 매장할 경우 관할 지자체 (시·군·구청) 매장 신고.	- 사망진단서 (시체검안서) - 화장증명서 (화장 시)	장사 등에 관한 법률에 의거하여 신고
6단계: 기타 후속 조치	금융기관, 공과금, 상속 등	사망신고 약 2~3주 뒤 고인의 기본증명서(사망) 발급 가능. 금융기관, 통신사, 보험사, 공과금 납부 기관 등 사망 사실을 알리고 관련 정리 시작. 상속 절차, 연금 및 보험금 청구 등은 전문가(변호사, 법무사 등) 상담	- 고인의 기본증명서(사망) - 가족관계증명서 - 상속 관련 서류 등	복잡한 절차가 많으므로 미리 준비하는 것이 좋음

57장. 가족이 죽은 후 우울증을 극복하는 방법

죽음은 남겨진 사람에게 시작이다. 임종을 지켜낸 자녀, 배우자, 혹은 돌봄을 함께했던 가족은 상실감과 일상의 공허함, 감정 후폭풍을 경험한다.

가족이 죽은 후 겪는 감정은 단순한 슬픔이 아니다. 많은 경우 상실 후 우울증(grief-related depression)으로 이어지며, 일상생활, 수면, 식사 모두에 영향을 준다. 남겨진 사람의 삶도 중요하기에 가족 죽음 후 우울증을 극복하는 방법을 찾아야 한다.

죽음 이후 흔한 심리 반응은 다음과 같다. 죄책감과 후회, 분노, 무력감 등이 복합적으로 나타난다. 오랫동안 돌본 가족이 사라졌다는 공허감이 생긴다. 돌봄 역할이 사라진 후 '나는 누구인가'하는 정체성 혼란이 생긴다. 이로 인한 불면, 식욕 저하, 체중 감소, 두통 등 증상이 나타난다. 이런 기간이 2개월 이상 지속되어 일상생활이 방해되면 치료가 필요하다.

감정은 잘못이 없다. 감정을 억누를 필요는 없다. 울고, 후회하고, 허탈한 감정은 모두 정상적인 애도 반응이며, 이를 표현하는 것이 치유의 첫걸음이다. 일기 쓰기, 가족과 추억을 나누기, 돌아가신 분에게 편지 쓰기도 좋은 방법이다.

　장기간 간병했던 가족은 돌봄의 역할이 끝나면 삶의 중심이 흔들린다. 이럴 때 일상의 작은 루틴을 실천하는 것이 좋다. 일정한 시간에 기상하고 식사를 한다. 식사 후 산책을 하고 가족, 이웃 등과 교류한다. 돌봄에 맞춰진 일상을 재구조화 하는 것이다.

　방문진료 의사나 지자체 등에서 우울증 여부를 확인한다. 특히 우울감이 2주 이상 지속되거나 수면 장애, 식욕 저하, 무기력증이 동반된다면 애도 프로그램이나 상담을 진행한다. 정신건강복지센터, 보건소 등의 프로그램을 활용하는 것도 좋을 것이다. 이웃과 함께하는 시간도 도움이 된다.

　통합돌봄은 남겨진 이들의 정신건강까지 챙겨야 한다. 가족의 사망 후 주 보호자의 정신건강평가를 제안한다. 재택임종 후 유족을 대상으로 1회 애도 위험 평가를 실시한다. 필요 시 정신건강복지센터와 연계한 정서 개입 체계 마련한다. 지자체 등에서도 애도 모임을 운영할 수 있다.

죽음을 견뎌낸 가족이 다시 일어설 수 있도록, 사회는 손을 내밀어야 한다. 통합돌봄의 역할이 필요한 순간이다. 통합돌봄의 손길이 있다면, 돌봄은 끝이 아니라, 또 다른 삶의 시작이 될 것이다.

가족 임종 후 우울증 극복 방법

구분	주요 내용	세부 실천 방안
1. 감정 표현 및 수용	슬픔, 분노, 죄책감 등 다양한 감정을 솔직하게 표현하고 받아들이기	일기 쓰기, 사진 보며 추억하기, 편지 쓰기
2. 주변 도움 요청	혼자 감당하지 않고 주변의 지지와 전문가의 도움 받기	가족/친구와 대화, 정신건강의학과 상담, 온라인 커뮤니티 활용
3. 건강한 생활 습관	몸과 마음의 건강을 위한 기본적인 생활 습관 유지	규칙적인 식사, 충분한 수면, 가벼운 운동, 햇볕 쬐기
4. 새로운 활동 참여	일상에 변화를 주고 소소한 즐거움 찾아보기	취미 활동, 봉사 활동, 반려동물 교감, 자연 속 시간 보내기
5. 충분한 애도 기간	슬픔을 극복하는 데 필요한 시간을 자신에게 허락하고 조급해하지 않기	슬픔 인정 및 존중, 기념일 보내기 계획

58장. 방문진료가 바꾼 환자의 삶

　방문진료는 거동이 불편한 환자에게 의사, 간호사가 집으로 가서 진료한다. 중증 만성질환자, 노인, 장애인, 말기 환자, 퇴원 후 회복기 환자 등 거동이 불편한 환자를 대상으로 한다. 방문진료는 단순히 진료 장소를 옮기는 것이 아니다. 의료 접근권을 보장해 삶을 구축하는 필수의료다.

　진료는 환자 상태를 확인하고 약을 처방하거나 처치를 한다. 하지만 방문진료는 그 이상이다.

　동두천에 거주하는 92세 독거노인. 문을 여니 소변 지린내가 가득하다. 환자는 거동을 못한다. 혈압을 측정하니 수축기 혈압이 200mmHg 이상이다. 긴급 혈압약 복용을 권했다. 방문요양 센터장과 협력해 장기요양 등급을 받도록 했다. 6개월 후 방문했을 때 집은 깔끔해졌고, 수축기 혈압은 안정되었다. 처음 방문 때 화를 냈던 환자가 요즘은 웃으면서 반겨준다.

　장애인 건강주치의로 방문했던 집. 보호자 주거 문제로 고민했다. 집에서 키우는 반려견 만두가 짖는 것으로 이웃의 항의가 있었고, 집주인과 계약 종료로 새 보금자리를 찾아야 했다. 가진 자금은 한계가 있다. 이 문제를 고민하다 LH에서 시행하는 임대 주택 정보를 알려줬다. 보호자는 LH를 통해 신축 아파트에 입주했다. 지하철 1호선이 지나가지만 창문을 닫으면 조용하다. 아들도 집을 좋아했다.

방문진료는 집의 구조를 바꾼다. 긴급 돌봄이 필요하면 연결시킨다. 금연을 원하면 금연을 지원한다. 사회복지사, 작업치료사 등과 동행해서 환자의 삶의 질을 높인다. 건강상담을 통해 삶의 리듬을 다시 세우기도 한다. 단순한 진료가 아니라 삶에 개입한다. 위와 같은 사례는 많다.

방문진료는 삶을 바꾸는 힘이 있다. 방문진료는 불편한 사람만 도와주는 제도가 아니다. 그것은 의료가 삶 속으로 가는 방식이고, 사람을 지키는 구조다. 그 안에서 환자는 단지 환자가 아닌 한 사람으로 회복된다.

자신이 여전히 사회의 일원이라는 생각, 누군가의 관심을 받는다는 위로를 준다. 보호자 혼자만 돌봄을 감당하는 것이 아니라는 것을 알려준다. 전문가의 조언으로 실질적인 도움을 받을 수 있다.

통합돌봄 속 방문진료는 선택이 아니라 필수다. 통합돌봄은 단순한 서비스 집합이 아닌, 사람 중심의 삶을 가능하게 한다. 집에서 이뤄지는 진료는 존재를 존중하는 의료이며, 의료가 돌봄이 될 수 있음을 증명한다.

병원 중심의 시스템에서 도달할 수 없었던 사람들에게 삶을 다시 살아갈 힘을 주는 것이다.

59장. 보호자와의 신뢰 형성 기술

방문진료는 환자만 보는 것이 아니다. 환자를 지키는 사람과 함께 간다. 병원 진료와 다른 점이다. 진료 무대가 바뀌는 순간, 환자와 보호자와의 관계가 의료의 질을 좌우한다. 통합돌봄에서 보호자는 단순한 가족이 아니다. 비공식 간병자이자 관찰자이며, 환자와 의료를 연결하는 다리다.

첫 인상이 중요하다. '의사를 믿을 수 있을까'라는 신뢰는 첫 방문에서 결정된다. 전문성보다 상대를 대하는 태도와 존중에서 결정된다. '이건 이렇게 하시면 돼요.' '왜 지금까지 그렇게 하셨어요?' '제 말대로만 하세요.' '이건 보호자 분이 신경 쓰셔야죠.' 이런 말들은 책임 회피, 무시, 비협조로 보인다. 진료는 하되 감정적 지위는 대등하게 유지해야 한다.

보호자와의 신뢰가 형성되지 않으면, 방문만 있고, 돌봄은 단절된다. 보호자와의 관계는 일회성이 아니라, 시간을 두고 만드는 관계 기술이 되어야 한다.

보호자 신뢰 형성의 핵심 4단계는 다음과 같다.

1. 가족의 존재를 인정하고, 가족을 환자 이상으로 존중한다. 보호자는 죄책감, 불안을 갖고 있다. 그들에게 '수고 많으셨습니다', '이런 상황에서 돌보는 건 정말 쉽지 않죠'라는 존중과 인정의 말은 큰 힘이 된다. 보호자로 힘든 점은 없는지 물어보라. 관계 형성의 출발이 될 것이다.

2. 보호자는 전문용어에 익숙하지 않다. 일방적으로 정보를 전달하기보다, 정보를 공유한다고 생각하라. 보호자에게 환자의 정보를 받고, 의사로서 진료 정보를 알려준다. 저나트륨혈증보다 몸에 염분이 낮아, 어지럽거나 쓰러질 수 있다고 말하자. 제대로 이해했는지 확인하라. 이해가 어려운 부분이 있는지 물어보라. 더 많은 정보를 통해 환자에게 도움을 줄 수 있다.

3. 방문진료 현장에서 의사는 보호자의 상태도 관찰해야 한다. 수척

해진 얼굴, 퀭한 눈, 반복되는 질문, 불안은 간병 탈진의 신호다. 보호자도 환자인 경우가 많다. 보호자의 건강은 어떤지, 식사는 잘하는지, 잠은 잘 자는지 물어보라. 이 질문으로 보호자의 마음을 연다. 간병인의 우울증, 근골격계 통증은 흔하다. 방문진료는 보호자까지 살펴야 한다.

4. 작은 약속을 지켜라. 신뢰는 반복된 행동으로 쌓인다. 다음 진료로 바쁜 의사에게 질문하고 대답 듣는 것을 어려워한다. 약속된 진료 시간에 도착하도록 노력하고, 늦어지면 미리 연락한다. 지난 진료를 기억해서 다음 진료로 이어진다. 이런 노력이 있을 때, 신뢰가 쌓이고, 연결된 돌봄이 가능해진다.

보호자와 신뢰가 형성되면 환자 증상이 변할 때 의료진에게 알려준다. 제대로 된 투약이 이뤄지고, 위기 상황에 대응할 수 있다. 신뢰는 돌봄 지속 가능성을 높이는 강력한 동력이 된다. 그 동력을 만드는 사람은 진료 현장의 의료인이다.

의사도 사람이다. 진료 과정에서 소통 오류나 불만이 생길 수 있다. 진료 시간이 짧았고 약 부작용 설명이 부족했다. 이럴때 중요한 건 변명보다 책임감 있는 대답이다. '제가 그 부분을 충분히 설명드리지 못했네요.' '불편하셨을 것 같아요.' 신뢰는 실수가 없어서 생기는 게 아니라, 실수 이후의 태도로 회복된다.

신뢰는 기술이자 태도다. 보호자와의 신뢰 형성은 재능보다 노력이다. 반복, 경청, 이해, 공감, 일관성. 이 모든 것은 훈련 가능하다. 방문진료가 단순 진료를 넘어, 삶을 함께하는 의료로 확장되기 위해서는 신뢰의 기술이 필요하다.

의사 혼자 환자를 치료하는 것이 아니라, 가족과 함께 환자의 삶을 지키는 동료가 되어야 한다. 진료는 기술로 하지만, 지속은 신뢰로 한다. 방문진료는 관계 안에서 이뤄지고, 그 관계를 세우는 주체는 의사다. 환자 곁의 가족까지 돌볼 수 있을 때, 방문진료가 시작된다.

방문 진료 시 환자, 보호자와 신뢰 형성 기술

구분	핵심 목표	구체적인 실천 방안
1. 첫 만남에서 긍정적 인상 주기	전문성과 친근함으로 좋은 첫인상 형성	단정한 복장, 따뜻한 인사 및 미소, 명확한 자기소개, 방문 목적 재확인
2. 존중과 공감으로 소통	환자/보호자의 감정과 상황을 이해하고 지지	경어 사용 및 존댓말, 경청하는 자세, 공감 표현, 비언어적 소통 (눈 맞춤), 환자 중심 개방형 질문
3. 투명하고 이해 쉬운 정보 제공	명확하고 솔직한 정보로 신뢰 구축	쉬운 언어 사용, 시각 자료 활용, 치료 과정/계획 상세 설명, 질문 기회 제공, 모르는 부분 솔직히 답변
4. 환자 사생활 존중 및 환경 이해	사적인 공간 방문 시 세심한 배려	방문 전 동의 구하기, 소음/혼란 최소화, 문화적/환경적 요인 고려, 프라이버시 보호
5. 일관성 있는 태도와 전문성 유지	꾸준함과 숙련된 모습으로 신뢰 공고히	약속 이행, 정확한 정보 기록 및 확인, 팀워크 강조, 문제 발생 시 침착한 대처

[헬스경향 칼럼 노동훈 원장의 사례로 본 재택의료 4탄]
초고령사회의 방파제 '노인 장기요양보험제도'

양주에서 방문진료 중이던 날. 평소 존경하는 한 대학병원 민 교수님께 연락을 받았다. 고령의 노모(만 93세)께서 최근 거동이 불편해 걷지 못하게 됐고 요양원 입소를 고민 중이라고 한다. 그러던 중 주변에서 장기요양보험등급을 받으면 집에서 요양보호사의 도움을 받을 수 있다는 얘기를 들었다고 한다. 문제는 등급을 잘 받아야 한다는 것. 이에 교수님께서 필자에게 힌트를 요청한 것이다.

사실 방문진료의 역할 중 하나가 바로 장기요양보험등급 판정을 위한 의사소견서를 작성하는 것이다. 마음 같아선 바로 부산으로 달려가 진료와 소견서를 정성껏 써드리고 싶었지만 의정부에서 부산까지 거리가 만만찮고 실제 방문 여부에 대해 건강보험공단의 확인 절차가 있다는 것도 고려해야 했다. 재택의료협회 단체대화방에서 부산 방문진료 가능한 의원을 찾았고 ○○한의원 원장과 통화도 했다.

마침 부산요양병원협회장의 요청으로 부산일보 대강당에서 강의가 예정돼 있었고 강의 후 지하철을 이용하면 직접 방문진료가 가능할 것 같았다. 그렇게 명장역에서 민 교수님을 만나 어르신을 직접 진료하고 필요한 의사소견서를 작성해드렸다. 진료 후 식사를 하자 하셨지만 강의 후 질의응답을 위해 복귀했다. 민 교수님은 시청역까지 태워 주셨고 차 안에서 방문진료와 장기요양보험제도에 대해 설명드렸다.

또 하루는 의학전문지 모 이사님께 연락이 왔다. 대표이사의 노모(86세)께서 허리, 무릎이 좋지 않아 거동이 어렵고 일상생활 수행에도 큰 불편을 겪고 계시다는 이야기였다. 대표이사께서도 장기요양보험제도를 알고는 있었지만 본인에게 필요한 제도인 줄은 몰랐다고. 토요일 오전 방문해 정성껏 의사소견서를 작성해 공단에 제출했다.

노인 장기요양보험제도는 인구 고령화로 인해 개인과 가정에 집중되던 부담을 국가와 사회가 함께 나누자는 취지로 도입된 제도다. 핵가족화, 가족 구성원의 경제활동 증가 등으로 더 이상 가족만으로 노인을 부양하기 어려워졌고 이에 따라 신체적·정신적 어려움을 겪는 노인에게 신체 및 가사활동을 지원하는 것이 이 제도의 핵심이다. 이는 고령자의 건강 증진과 생활 안정은 물론 가족의 부담을 덜어주는 사회보험제도다.

첨부서류 - 방문 신청은 신분증 제시 - 우편, 팩스 신청시 신분증 사본 제출	본인이 신청하는 경우	- 본인의 신분증 1부
	대리인이 신청하는 경우	- 가족 친족 또는 이해관계인의 신분증 1부 - 공무원/치매안심센터의 장임을 증명하는 서류 1부, 신분증 1부 - 대리인지정서, 대리인의 신분증 1부
제출서류	1. 장기요양인정신청서 공단 지사(운영센터) 또는 홈페이지(www.longtermcare.cr.kr)에 접속하여 알림·자료실>서식자료실>게시물-[별지 제1호의 2서식] 장기요양신청서를 다운받으시면 됩니다. 2. 의사소견서 장기요양인정신청서와 함께 제출하여야 하나, 65세 이상인 경우 등급판정위원회에 심의자료 제출 전까지 제출할 수 있습니다.	

- 장기요양보험제도 신청방법 및 제출서류. 방문신청과 온라인 신청 모두 가능하다 -

장기요양보험제도 신청자격은 만65세 이상 또는 만65세 미만 노인성질환(치매, 파킨슨병 등)을 가진 사람이다. 전국 공단 지사에 직접 방문하거나 우편, 팩스, 인터넷, The건강보험 앱을 통해 신청한다. 본인 신청 시 신분증, 대리인은 위임장 등 추가 서류가 필요하다. 국민건강보험공단에서 방문조사 후 의사소견서를 제출하면 등급판정위원회 심의 후 장기요양인정서를 받고 장기요양 급여 이용 계약을 한다.

장기요양인정 및 이용절차

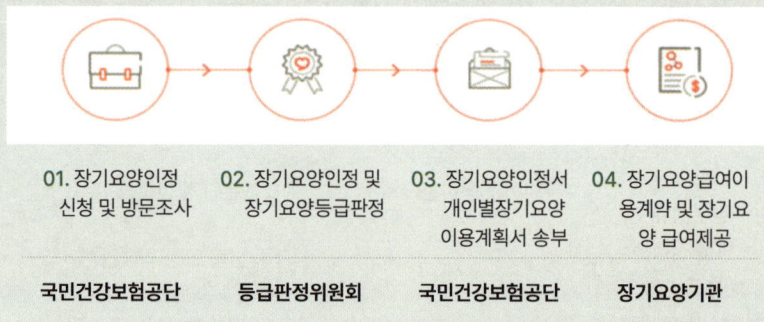

01. 장기요양인정 신청 및 방문조사	02. 장기요양인정 및 장기요양등급판정	03. 장기요양인정서 개인별장기요양 이용계획서 송부	04. 장기요양급여이 용계약 및 장기요 양 급여제공
국민건강보험공단	등급판정위원회	국민건강보험공단	장기요양기관

장기요양인정 및 이용절차. 방문조사 후 의사소견서를 제출하면 심의 후 장기요양인정서를 받고 급여 이용계약을 한다.

장기요양인정 및 이용절차. 방문조사 후 의사소견서를 제출하면 심의 후 장기요양인정서를 받고 급여 이용 계약을 한다. 필자는 3년째 방문진료를 하며 수많은 가정을 만났다. 고령의 부모님을 모시고 병원을 오가던 자녀들은 방문진료의 편리성에 늘 감사해했고 장기요양보험제도를 몰라 직접 수발하던 분들은 국가의 사회보장시스템이 있다는 사실에 감동받았다.

하지만 한편으론 보건의료계 관련 직종에 종사하고 있는 분들조차 장기요양보험제도를 잘 활용하지 못하고 있었던 것 같아 안타까운 마음도 든다.

필자 역시 10년간 요양병원, 3년간 의원을 운영하면서 정부 정책에 대해 여러 불만을 가진 적이 있었다. 하지만 장기요양보험제도와 방문진료는 대한민국의 고령화 문제를 해결하는 데 있어 반드시 필요한 제도라고 믿는다.

2024년 1월 23일 대통령 직속 저출산·고령사회위원회는 제8차 인구 비상대책 회의를 열고 지역사회 중심의 통합돌봄체계 강화 방안을 발표했다. 수요자 중심의 통합판정체계를 마련하고 시범사업 결과를 바탕으로 의료-요양-돌봄 서비스가 통합적으로 제공되는 모형을 구축 중이다.

한때 '간병지옥' '간병살인'이라는 표현이 통용되던 시대가 있었다. 하지만 장기요양보험제도가 제대로 작동한다면 그 고통을 덜 수 있는 시대가 올 수 있다. 더 많은 국민이 이 제도를 알고, 활용하고, 덜 아프고 덜 외롭게 살아가길 바란다

5부. 방문진료의 미래

60장. AI와 스마트홈, 방문진료의 진화

 미래의 방문진료는 의사가 집으로 가는 것 이상이다. 의사가 오기 전 집이 먼저 반응하는 시대가 될 것이다. 집은 의료의 연장선이 되며 의사는 디지털 기술과 인간의 연결을 조율하는 전문가가 될 것이다. AI(인공지능)와 스마트홈은 새로운 가능성을 만들 것이다.
 AI(인공지능)는 예측하고 조율하는 제2의 의사가 될 것이다. 인공지능은 단순 데이터 분석을 넘어, 환자 상태를 모니터링하고 위험을 예측하며, 의료진 개입을 제안하는 역할을 할 것이다.

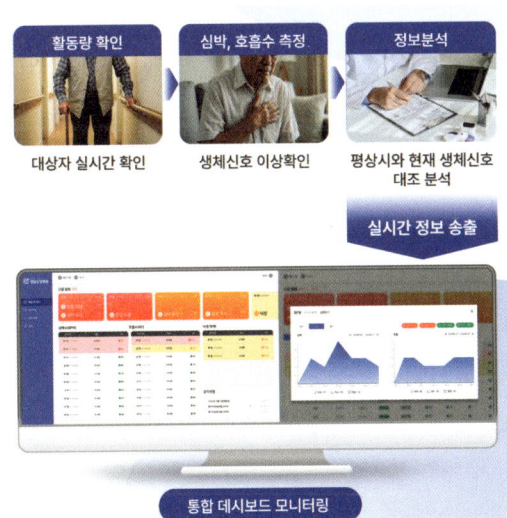

AI 기반 생체신호 분석 기기(웨어러블, 비접촉 레이더 센서)는 비정상적 심장박동이 보였다거나, 수면의 질이 나빠졌다는 정보를 전달한다. 욕창 발생 위험성, 체중 감소, 탈수, 변비 등을 사전에 알림으로 조기 진료 가능하다. 환자의 표정이나 음성을 분석하기도 한다. 의사는 이 데이터를 기반으로 정밀하게 판단할 수 있다. 예측 중심의 방문진료가 가능해질 것이다.

스마트홈으로 집이 의료 공간이 된다. 단순 가전을 제어하는 기술이 아니다. 통합돌봄에서 스마트홈은 의료와 생활의 경계를 허물 것이다. 환자와 보호자의 삶을 능동적으로 지원하는 인프라가 될 것이다.

심박 및 호흡 레이더 센서가 환자의 활력징후를 측정하며, 낙상 센서가 부엌이나 욕실의 이상 행동을 감지하고, AI 스피커가 약 복용 시간을 알려주고, 오늘 환자의 활동량이 줄었다고 알려줄 것이다. 이러한 기술이 통합되면, 방문진료는 일주일에 한 번 와서 보는 진료가 아닌, 365일 데이터를 함께 보는 진료가 될 것이다.

인공지능이 보급되고 많은 직업이 기계로 대체될 것이라 한다. 인공지능은 의사를 대체할 것인가. 아니면 의사의 역량을 확장시킬 것인가. 이에 대한 대답은 모른다. 하지만 우리가 알아야 할 것이 있다. 의사는 인공지능과 함께 일할 준비가 되어 있는가. 방문진료는 기술의 도움이 필요하다.

의료를 인공지능에만 맡긴다는 것은 아니다. 오히려 기계가 감지하고 계산한 것에 해석과 공감을 부여하는 것은 사람의 몫이다. 스마트홈으로 환자의 하루를 기록하고, AI가 위험을 알리면, 의사는 즉각적인 조치로 가족을 안심시키고, 불필요한 입원을 막고, 존엄을 지키는 방법을 제시해야 한다.

통합돌봄은 기술 기반의 방문진료가 필수다. 스마트홈과 인공지능은 의료 불균형을 해소할 것이다. 농어촌, 고령 독거노인 등 의료 접근이 취약한 지역에서 데이터 기반 방문진료는 실시간 관찰을 가능하게 한다. 보호자의 부담을 줄일 것이다. 3시간만 깨지 않고 자는 것이 소원이라는 보호자의 말을 들었다. 24시간 환자를 돌보는 부담을 기술이 분산함으로 정신과 시간 여유를 제공할 것이다.

방문진료 자원의 효율적인 분배에도 도움이 된다. 정해진 방문 외에 위험군을 우선 방문하는 것도 필요하다. 한정된 방문진료 인력을 적시에 제공하는 것이 필요하다. 이는 돌봄의 연속성을 완성한다. 환자의 상태를 실시간 모니터링하여, 위기를 예방하거나 의료 중재가 가능해진다.

기술은 도구이고, 돌봄은 사람의 몫이다. AI와 스마트홈은 방문진료를 바꾼다. 기술은 사람 중심으로 사용해야 한다. 디지털 센서가 놓친 표정, 감지하지 못한 한숨, 알고리즘이 파악하지 못한 두려움. 이를 해석하고 손을 내미는 것은 인간 의사다. 미래의 방문진료는 사람과 기술의 균형에서 발전해야 한다.

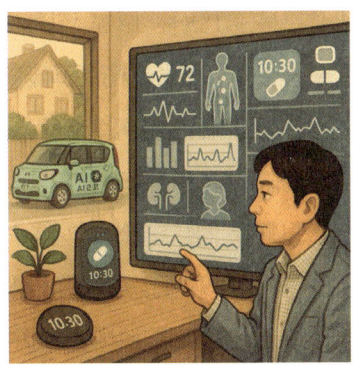

61장. 간호사·요양보호사와의 협진 체계

 방문진료는 혼자 할 수 없다. 의사가 진단과 처방을 하지만, 처방이 효과를 발휘하려면 간호사, 요양보호사의 손길이 필요하다. 의사 혼자서는 불가능하다. 특히 고령의 와상 환자, 치매 환자는 생활 속 돌봄이 중요하다. 그래서 간호사와 요양보호사의 협업은 선택이 아니라 필수다.

 간호사는 일상과 의학을 연결하는 전문가다. 환자 변화의 징후를 발견하고, 가족의 피로를 챙기며, 환자 정보를 의학 언어로 정리하는 파트너다. '변비가 심해졌어요'라는 말에 피부 상태를 확인하며 식사와 탈수를 챙긴다. 간호사는 의사의 눈이 닿지 않는 시간을 채우고, 판단을 돕는 전문가다.

 요양보호사는 돌봄 감각을 가진 현장의 교사다. 요양보호사는 환자의 식사, 목욕, 배변, 이동 보조 등 생활 돌봄을 제공한다. 요양보호사는 환자와 오랜 시간을 보내며 심리 상태, 습관, 기분, 관계의 변화를 파악하는 관찰자다. 표준화된 요양보호사의 기록과 보고로 의사와 간호사가 환자의 상태를 판단할 수 있다.

 의료진과 요양보호사는 같은 환자를 다른 입장에서 보는 팀이 되어야 한다. 의사는 판단을 종합하는 사람으로, 간호사는 현장을 읽고 판단을 제안하는 사람으로, 요양보호사는 생활 속에서 돌봄을 지탱하는 사람이 되어야 한다.

요양보호사가 기록한 상태일지(식사, 배변, 수면, 통증 등)는 간호사에게 전달되고, 의사에게 보고한다. 문제가 생기면 조치한다. 낙상, 발열, 호흡곤란 등 응급상황 발생 시 요양보호사 ->간호사 -> 의사 순으로 보고한다. 이런 협업이 잘 되려면 각자의 직역을 인정하고 존중해야 한다.

통합돌봄은 다른 전문성을 가진 사람이 한 사람을 중심으로 할 때 시작된다. 간호사와 요양보호사 없는 방문진료는 어렵다. 한 사람을 위해 역할을 나누는 것이다. 의사는 방향을 잡고, 간호사는 균형을 맞추며, 요양보호사는 일상으로 실현한다. 세 손이 맞물릴 때, 한 사람의 삶은 흔들리지 않는다.

62장. 외국인 간병인과 방문진료의 연결.
-서툴지만 진심이 있는 손. 진료와 돌봄을 잇는다.

병원에서 퇴원 후 집에서 요양이 필요하다. 자녀와 함께 생활하는 노인은 드물다. 부부와 자녀로 구성된 가족 형태도 사라졌다. 간병인력 부족으로 높아진 간병비용도 문제다. 한 달 간병비로 600만 원 이상 썼다는 사람도 있다. 간병인 비용과 수급 문제로 외국인 간병인이 돌봄에 필요하다.

한국인 요양보호사는 구하기 어렵다. 외국 간병인이 필요하다. 필리핀, 베트남, 몽골, 중국 여성이 많으며, 비공식 체류 혹은 방문 취업비자 등으로 입국한다. 이들은 숙식을 제공하는 조건으로 한국 간병인보다 낮은 금액으로 일한다. 환자의 식사, 배변, 투약 등 일상생활을 보조한다.

한국 의료 시스템에서 외국 간병인은 소외된 존재다. 공적 요양제도나 의료 체계에는 존재하지 않는다. 그 결과 기본적인 간병 교육 없이 투입되는 경우가 많다. 혈압, 당뇨, 욕창 초기 등 증상 파악이 어렵다. 약 복용 오류를 놓치기도 한다. 의사 소통이 어려워 증상이 악화되기도 한다. 정식 고용 관계가 아닌 경우 책임 문제도 생긴다.

통합돌봄을 위해서는 '환자 돌보'는 사람을 돌봐야 한다. 돌보는 사람이 지치거나, 의사소통이 안 되면 돌봄이 망가진다. 외국 간병인도 의료의 일부로 받아들여야 한다. 방문진료팀은 외국 간병인을 배제하는 것이 아니라 돌봄 언어와 돌봄 기술을 알리고 공유해야 한다.

방문진료를 위한 통역 매뉴얼 도입이 필요하다. 최근 사용되는 챗GPT 등 언어 통역 기능을 활용하면 좋을 것이다. 기초 간병 교육 프로그램을 만들고 교육한다. 매뉴얼은 중앙 정부가, 교육은 지방자치 단체 등에서 실시한다. 교육 프로그램은 욕창, 낙상, 복약 확인, 응급 상황 시 대처 요령이 좋을 것이다.

이를 위해 외국 간병인을 제도권 내로 편입시키고, 안정적인 인력 공급망을 만들어야 한다.

언어는 다르지만 마음은 같을 수 있다. 피부색은 다르지만 환자를 돌보는 손길은 같을 수 있다. 간병인력 부족에 따른 외국 간병인력 도입은 의료-요양-돌봄이 작동하도록 할 것이다. 의사와 간호사, 요양보호사뿐 아니라 외국 간병인을 돌봄 체계로 초대할 때 통합돌봄이 완성될 것이다.

63장. 재택의료 교육은 어떻게 시작하나

병원은 사람을 치료하는 곳이지만, 많은 사람들은 집에서 삶을 마무리한다. 그러나 의료인은 환자의 집을 배운 적이 없다. 방문진료를 하고 나서야 현장 의료를 알게 되었다. 의과대학에서는 재택의료를 가르치지 않는다. 의사는 퇴원 이후의 상황에 대해 '그건 가족이 알아서..'라며 얼버무릴 수밖에 없다.

이제는 병원 진료가 끝이 아니다. 재택의료 교육이 필요하다. 의과대학에서 간호대학에서 해부학과 약리학은 배웠다. 하지만 현관을 열고 들어가는 순간 무엇을 봐야 하는가, 욕창 있는 와상환자를 어떻게 돌보는가, 죽음을 앞둔 가족에게 어떻게 해야 하는가를 배운 적은 없다.

재택의료를 하고 싶어도 방법을 몰라 참여를 망설이게 된다. 두려움과 막막함, 그리고 혼자라는 감정 때문이다.

고령사회 한국. 집에서 의료-요양-돌봄이 필요한 사람이 많다. 의료의 패러다임도 살리는 의료에서 함께 견디는 의료로 전환해야 한다. 욕창, 낙상, 영양 관리, 보호자 소진 등 재택의료 현장에서 마주치는 문제에 대한 대응이 부족하다. 환자는 퇴원했지만 의료는 집으로 따라가지 못하기 때문이다.

의료와 돌봄의 간극을 메우는 재택의료는 치료와 생활, 환자와 가족,

의료와 돌봄을 연결한다. 이 연결이 없으면 통합돌봄은 미완성이다.

재택의료 교육은 누구에게 필요할까. 의사와 간호사가 배워야 한다. 요양보호사와 간병인도 배워야 한다. 사회복지사, 작업치료사도 참여해야 한다. 보건소 공무원 및 지자체 통합돌봄 담당자도 업무 연계 흐름을 배워야 한다.

교육은 현장 중심으로 진행한다. 의과대학, 간호대학 실습 시간을 활용한다. 의사, 간호사 1일 방문진료 동행을 한다. 방문진료를 교과로 포함해야 할 것이다. 팀 기반의 교육도 필요한데, 재택의료 현장은 인력이 부족하기 때문이다. 의사, 간호사, 요양보호사가 한 명의 환자를 중심으로 팀 기반 교육을 한다. 지역사회 돌봄을 위해 보건소, 복지관 등도 참여한다.

재택의료 교육을 위해 공통 교육 모듈을 개발한다. 아직 통일된 교안이 없기에 재택의료학회 등이 노력해야 할 것이다. 이 과정에 의료기관 평가 인증원의 참여도 필요하다. 현장에서 검증되지 않은 의료, 자신만의 비기를 선보이는 의사가 있다고 한다. 이는 잘못된 행동으로 의료인 윤리에도 적합하지 않다.

교육 모듈 개발 후 의과대학과 간호대학 교육 과정에 접목시킨다. 정규 교과 내 커뮤니티 케어, 생애말기 돌봄, 장기요양 연계 등을 포함한다. 대학 교육은 방문진료 경험이 있는 의사, 간호사, 사회복지사 등이 담당하면 된다. 실습 과정에서 방문진료 시행 의원과 동행 실습을 한다. 방문진료 질 확보를 위해 교육 이수 후 참여 자격을 부여하는 것도 좋을 것이다.

재택의료는 제도로 바꾸는 것이 아니다. 의료인의 시선을 바꾸는 것에서 시작된다. 병보다는 사람을, 병실이 아닌 집을, 환자가 아닌 가족을, 진료가 아닌 동행을. 새로운 시선을 가르치기 위해 교육부터 시작해야 한다.

64장. 방문진료와 공공의료

 병원에 갈 수 없는 사람들이 있다. 그들을 찾아가는 의료가 필요하다. 통합돌봄과 재택의료. 이름은 다르지만 공통 목표는 '의료가 사람을 찾아가는 구조'다. 병원 중심의 기존 의료는 거동이 불편한 환자, 독거 노인, 장애인, 중증 만성 질환자, 퇴원 후 회복기 환자를 찾아갈 수 없다.
 공공의료는 큰 병원을 짓고, 화려한 외관을 꾸미는 것이 아니다. 공공의료는 의료의 형태를 재설계해야 한다.
 방문진료는 현장형 공공의료다. 의료와 돌봄, 삶과 죽음의 접점에서 이뤄지는 생활 기반 공공의료다. 거동이 불편한 사람에게 의료 접근성을 회복시킨다. 의료 이외의 돌봄 서비스가 필요한 경우 재가복지센터, 치매안심센터, 보건소, 장기요양기관 등과 연계도 가능하다. 이를 통해 지역 기반 건강 돌봄의 중심축 역할을 한다.
 방문진료는 의료 소외 지역에서 민간이 실시하는 공공의료, 필수의료다. 필수의료는 필요한 사람이, 필요한 때, 필요한 의료를 받는 것을 의미한다. 의료 소외 지역에서 방문진료 만이 할 수 있는 영역이다. 방문진료는 의료 사각지대에 놓인 사람에게 직접 닿을 수 있는 수단이다.
 방문진료는 공공병원이 하기 어려운 공공의료를 수행한다. 현재 방문진료는 개별 의원의 자율적 참여로 이뤄진다. 수가는 낮고, 인력과 시간

투입이 크며, 행정 부담이 크다. 공공의료기관조차 방문진료 인프라가 부족한 현실이다. 그리고 지자체와 의료기관 간 연계 시스템 부재하다. 현재 방문진료 수가로는 의사를 구하기도 어렵다.

'방문진료는 해야 하지만, 하기 어려운, 할 수 없는 진료가 되었다.'

공공의료인 방문진료를 활성화 하기 위한 방법은 무엇이 있을까.

1. 지자체 중심의 공공 방문의료팀을 구성한다.
2. 보건소, 치매안심센터, 시립병원 등을 중심으로 의사-간호사-사회복지사로 구성된 팀을 만든다.
3. 의료 취약계층, 독거 노인 등 경제 부담이 있는 환자의 경우 본인 부담금을 조정한다.
4. 공공병원과 민간의료기관 파트너십을 강화해서 입원이 필요한 경우 등 연결고리를 만든다.

공공의료, 필수의료는 아픈 환자를 찾아가야 한다. 공공의료는 병상 수나 규모로 판단되지 않는다. 누구에게 의료가 필요한지 알고, 그 사람에게 도달하는가의 문제다. 방문진료는 도달의 직접적인 방법이며, 공공의료의 인간적인 모습이다.

방문진료는 의사, 간호사가 찾아가는 진료지만, 국가의 존재, 공공의료의 책임, 그리고 사람 중심의 정책 철학이 담겨져야 한다. 진료는 개인이 하지만, 구조는 국가가 만들어야 한다.

방문진료가 가지는 공공의료 속성

공공의료 속성	주요 내용	방문진료의 기여
의료 접근성 향상	의료 서비스 이용의 물리적/사회경제적/지리적 제약 완화	거동 불편 환자, 의료 소외 지역 주민, 저소득층에게 직접 찾아가는 서비스 제공
건강 형평성 증진	모든 사람이 동등하게 건강할 권리 누리도록 지원	취약 계층의 질병 관리 및 예방을 통한 전반적인 건강 수준 향상, 질병의 조기 발견 및 악화 방지
포괄적이고 통합적인 의료 서비스	환자의 총체적 상황을 고려한 맞춤형 의료 제공	환자의 생활 환경, 사회적 맥락을 반영한 개별화된 치료 계획, 의료-돌봄 서비스 연계, 불필요한 입원/응급실 방문 감소
사회적 비용 감소 및 효율성 증대	의료 자원의 효율적 배분 및 재정 부담 경감	시설 입원 대신 재택 치료 활성화로 의료비 부담 경감, 의료 자원 효율적 배분
지역사회 중심 의료 강화	병원 중심에서 벗어나 지역사회 기반 의료 활성화	지역사회 내 다양한 보건/복지 서비스 연계, 의료기관이 지역 주민의 건강 파트너 역할 수행

65장. 의료 공백 지역에서의 가능성

필자는 의정부 편한자리 의원에서 일한다. 방문진료 장소는 서울 동북권과 의정부, 양주, 남양주, 동두천, 연천, 철원까지다. 서울이라고 의료 취약지역이 없을까. 구도심 빌라촌 골목은 차량 진입이 불가능하다. 계단은 높고 출입문은 좁다. 서울 도심에도 이런 곳이 많다. 철원에서 가까운 의원은 자동차로 20분을 가야 한다. 폭설이라도 내리면 병원 방문은 꿈도 못 꾼다.

의료 공백지역은 단지 병원이 없다는 말이 아니다. 병원이 있어도, 병원에 접근하지 못하는 사람이 있다. 도심 교차로에는 병의원 간판이 많다. 읍내에도 병의원이 있다. 하지만 구도심에 거주하는 고령자, 거동 불편 환자는 병의원이 없는 것과 같다. 도심 속 의료 고립 지역이다.

한국보건사회연구원에 따르면 전국 229개 기초자치단체 중 1/3 이상이 응급진료 및 야간진료 취약 지역으로 분류된다. 특히 고령층 단독가구가 많고 대중교통 접근이 어려운 지역은 병원은 있어도 의료는 없다. 진료는 커녕 건강검진도 못 받고, 응급상황은 생명의 위협이 된다.

 구도심과 시외 지역은 의료 이용이 어려운 곳이다. 그 틈을 메울 수 있는 것이 방문진료다. 의료진이 찾아가 만성 질환을 관리하고 일상의 돌봄을 연계한다. 보건소, 치매안심센터 등과 연계하고, 장기요양 등급을 통해 장기요양 서비스를 제공한다. 자주 방문하는 곳은 환자의 컨디션이 좋아짐을 느낀다. 이를 통해 불필요한 병원 이송을 줄인다.

 의정부 구도심의 마을 통장을 만났다. 통장의 딸은 필자의 병원에서 간호사로 일했으니 보통 인연은 아닌 셈이다. 통장은 결혼 후 40년 이상을 살았으니 이웃 집의 숟가락, 젓가락 개수까지 안다. 거동이 불편한 환자를 위해 약국에서 약을 받아오거나, 도시락 배달 등으로 식사를 챙긴다. 그렇게 돌보는 사람만 대여섯 명은 넘는다.

 통장의 소개로 만났던 소아마비 환자는 하지 형태 이상과 근력 저하로 집에 갇혀 지낸다. 첫 방문에서 측정한 혈압과 혈당은 위험 수준이었다. 매달 방문하면서 관계를 맺고, 치료의 필요성을 알렸다. 꾸준한 약물 복용과 장기요양 연계로 환자의 혈압과 혈당은 정상 범위로 내려왔다. 이들에게는 의료 외에 돌봄도 제공되어야 한다.

의료 공백은 거리만의 문제가 아니다. 병원이 없어서가 아니라, 그들을 위한 시스템이 없어서 의료가 닿지 않는다. 방문진료는 한 사람을 치료하는 일에서 한 지역의 돌봄을 가능케 한다. 병원이 못 가는 곳까지 의료는 도달해야 한다. 그래서 방문진료, 통합돌봄이 필요하다.

의료 공백 지역에서 방문진료의 역할

역할 구분	주요 내용
의료 접근성 확보	- 지리적, 시간적 제약 해소 (먼 거리, 교통 불편) - 거동 불편 환자에게 직접 찾아가는 서비스 - 응급 상황 예방 및 질병의 조기 개입
건강 형평성 증진	- 저소득층, 독거노인 등 의료 소외 계층 지원 - 예방 및 만성질환 관리를 통한 건강 불평등 해소
지역사회 중심 통합 돌봄	- 환자 생활 환경 기반 맞춤형 진료 및 돌봄 - 지역사회 보건복지 자원과의 연계 강화 - 불필요한 입원 및 요양시설 입소 감소
지역사회 의료 체계 안정화	- 제한된 의료 인력의 효율적 활용 - 지역 주민의 의료 서비스 신뢰도 향상 및 장기적인 건강 증진 기여

66장. 의사 1인 의원에서 할 수 있는 방문진료

작은 병원이 움직이면 돌봄의 판이 바뀐다. 방문진료를 시작한 뒤 이런 질문을 받는다. 의사 한 명 있는 동네의원에서 어떻게 방문진료까지 합니까. 다시 묻고 싶다. 그렇다면 누가, 어디서 해야 하는가. 대한민국 의원급 의료기관의 60%는 의사 단독 개원이다. 대형병원 중심 구조에서 1인 의원은 일차의료의 최전선을 맡고 있다. 그리고 이 1인 의원이 방문진료의 시작점이 될 수 있다.

1인 의원이 방문진료를 해야 하는 이유는 다음과 같다. 오랫동안 진료했던 환자는 의사에 대한 신뢰가 있다. 그래서 방문진료가 낯설지 않다. 1인 의원은 의사 본인의 의지로 시작할 수 있다. 출근 전, 점심 시간, 퇴근하면서 진료하면 충분하다. 특히 읍면 지역에서는 1인 의원이 유일한 진료기관인 경우가 많다. 방문진료를 하면 해당 지역 전체가 의료 접근 지역이 된다.

외래 환자 중 이동이 어려운 환자를 파악한다. 와상, 뇌졸중 후유증, 인지장애, 말기환자 등을 대상으로 한다. 장기요양 등급여부를 확인하고, 방문진료 필요성이 있는지 파악한다. 주 1회 방문, 의원 인근 3명부터 시작한다. 사전에 의료 처치를 파악하고, 드레싱·카테터 등을 준비한다.

방문 동의서 등을 준비한다. 환자 1명 = 30분 기준으로 동선을 구성한다. 간호인력은 외래 인력이면 충분하다. 간호 인력이 없다면, 보건소 방문간호사·지역 복지사와 협업 구조를 제안한다. 방문진료 후 복지사 등과 정보를 공유하고 환자에게 필요한 복지 서비스를 연계한다.

민간 의원에서 시작한다면 정부는 정책으로 도와야 한다. 1인 의원 방문진료 수가 가산을 고려할 수 있다. 주 1~2회 방문진료 수가를 추가한다. 기존 진료만으로 부족했던 수익을 올린다면 참여할 의사도 있을 것이다. 1인 의원을 개설하고, 외부 행정/간호인력을 활용하는 방안도 있을 것이다.

방문진료 현장에서는 행정업무가 과다하다는 지적이 있다. 정부는 방문진료 행정 간소 지원 시스템을 구축할 필요가 있다. 특히 동의서 등 서류가 많고 복잡하며, 장기요양 연계 행정은 복잡함을 넘어 의사 단독으로 풀기 어렵다. 방문진료에 적합한 전자차트 부재도 시작을 어렵게 한다.

이러한 지원책을 통해 1인 의원의 의사는 진료에 집중할 수 있도록 행정·돌봄 분업 구조를 만든다.

방문진료는 필요하다. 다만 경험이 없기에, 어떻게 해야 할지 몰라서 망설이는 의사가 많다. 외래 진료 외의 추가 수익도 가능하다는 것을 알게 된다면 의사 참여도 늘어날 것이다. 필수의료인 방문진료 확대를 위해서는 의사에게 당근을 주어야 한다.

일차의료 방문진료 신청 방법

단계	세부 내용	비고
1. 자격 확인	의원, 병원 등 참여 가능 기관 여부 확인 참여 의사 자격 (해당 의료기관 소속 의사) 방문진료 대상 환자군 확인	필수 사항
2. 서류 준비	시범사업 참여 신청서 의료기관 개설 신고증 사본 사업자등록증 사본 의사 면허증 사본 방문진료 계획서 (필요시) 개인정보 수집·이용 동의서	양식은 공단 홈페이지 확인
3. 서류 제출	국민건강보험공단 관할 지사 제출	우편, 팩스, 방문 등
4. 심사 및 통보	공단 심사 (계획 타당성, 역량 등)결과 개별 통보	승인 시 참여 기관 등록

67장. 의사 1인의 한계와 팀기반 진료로의 전환

방문진료를 시작했다면 다음과 같은 생각을 할 것이다. 혼자 보는 진료에서, 함께 돌보는 시스템으로의 전환. 의사 1명이 진료와 처방, 문서 작성, 환자 설명, 보호자 응대, 약물 조정, 돌봄 자원 연계까지 하는 구조는 고립된 노동이다.

대한민국의 의원급 의료기관 중 대부분이 의사 단독 개원의 형태다. 지역 1차 의료의 장점이지만, 다양한 환자의 욕구를 충족시키기에 부족하다. 특히 통합돌봄은 의료 행위 만으로 끝나지 않는다. 의료 이후의 돌봄, 기능 회복, 정서 지원, 가족 교육, 지역 연계까지 하려면 의사 1인의 역량만으로는 부족하다.

의사 1인 방문진료 구조로 시작했는데, 수익도 없고 힘든 구조만 된다면 의사는 포기할 것이다. 이는 의료가 아니라 고립된 노동이다.

이 문제를 해결하기 위해 팀 기반 진료가 필요하다. 의사 혼자 감당하는 진료는 지속 가능성이 없다. 각자의 전문성과 역할을 지닌 사람이 한 명의 환자를 중심으로 모이는 팀 기반이어야 지속 가능하다.

팀의 구성은 의사, 간호사, 사회복지사를 기본으로 한다. 의료기관 외부의 팀은 요양보호사, 보건소 직원 등이 될 것이다. 의사는 질병을 진단하고 치료 계획을 세운다. 간호사는 활력징후를 확인하고 상처를 관리

한다. 사회복지사는 생활환경을 조사하고 돌봄 자원을 연계한다. 요양보호사는 일상을 돌본다. 이렇게 되면 의료 돌봄의 질은 높이고, 지속 가능성도 보장된다.

이를 위해 팀 단위 수가가 필요하다. 현재 의사, 간호사 수가 외에 사회복지사, 작업치료사, 치위생사 등 수가를 제안한다. 특히 진료 이외에서 역할을 담당하는 사회복지사의 상담, 연계, 가족 교육, 사례 회의 등에 대한 보상도 필요하다. 의사-간호사-행정가 3인의 필요성을 인정하고 차량, 장비, 행정 비용 등 보조가 필요하다.

진료만 한다면 의사 혼자서도 가능하다. 하지만 의료와 돌봄의 지속 가능성을 보장하기 위해서는 팀을 꾸려야 한다. 의사 1인에서 시작된 방문진료가 통합돌봄의 역할을 하려면 팀을 구성할 수 있는 제도적 지원이 필요하다. 의사의 시간과 체력을 환자에게 집중할 수 있도록 팀이 받쳐주는 구조를 만들어야 한다.

팀 기반 진료를 위해 역할 중심의 매뉴얼을 만든다. 예를 들어 욕창 발생 시 간호사 판단, 의사 보고, 요양보호사 생활 지원 조정 등으로 이어진다. 공통의 기록으로 환자의 정보를 공유한다. 주간 회의 또는 화상 회의를 한다. 이렇게 되어야 팀으로 작동할 것이고, 환자의 평안을 보장할 것이다.

의료는 혼자 할 수 없고, 해서는 안 된다. 의사 1인의 노력은 소중하지만, 팀의 협력이 있어야 환자의 삶이 온전해진다. 우리가 꿈꾸는 통합돌봄은 치료하는 의사보다 함께 책임지는 진료팀을 바탕으로 완성된다. 의사의 손에서 시작된 진료가, 방문진료 팀을 통해 완성된다.

재택의료 센터는 팀 기반 진료로 전환 가능

- 의사, 간호사, 사회복지사 참여
- 간호사 동반 수가, 재택의료 기본료 등 추가 수익 가능
- 환자 및 보호자 만족도 상승
- 주의! 재택의료 센터는 오직 지방자치단체를 통해 신청 가능
- 필수서류(지자체 협약서)를 첨부, 지자체 공문 접수. 보건복지부 선정 심의

68장. 방문진료의 수익 구조와 유지 전략

지속 가능한 방문진료, 어떻게 가능할까.

방문진료 초기 고비가 왔다. 방문진료에 대한 이해가 낮은 상태에서 혼자 영업과 스케줄 조정, 진료 상담, 예약, 현장 진료, 처방전 발행, 처방전 전달, 운전을 했다. 가드레일을 들이받기도 했고, 퇴근하고 집에 오면 아무것도 할 수 없었다. 그런데 수익은 적자였다. 방문진료를 계속해야 하나 고민에 고민을 거듭했다.

의사가 방문진료를 망설이는 부분이 여기라 생각한다. 내원해서 진료를 받던 환자가, 어느 날부터 보호자 대리 처방을 한다. 2~3번 진료에 한 번씩은 오시라 하지만, 여의치 않다. 방문진료를 해볼까 하지만, 의원을 비우는 시간 대비 수익이 나지 않으면 어쩌나. 걱정된다. 의미있는 일이라 생각하지만 사명감과 봉사 정신으로는 할 수 없다.

현재 방문진료 수익이 낮은 이유는 다음과 같다. 진료 1건당 이동시간이 평균 30~40분 가량 소요된다. 의사 1인이 할 수 있는 환자 수 제한이 있다. 동행 간호사의 인건비와 차량 유지비 등 추가 비용이 발생한다. 의료 공백지역에 필수의료를 제공하지만, 수익 구조로 보면 참여하기 어렵다.

필수의료인 방문진료, 의미있는 방문진료의 지속 가능성이 낮다. 간극을 메우지 못하면 방문진료는 지속되기 어렵다. 정부는 통합돌봄 정책을 추진하는데, 방문진료가 없으면 어렵다. 방문진료는 수익이 나는가. 그렇다면 어떻게 해야 유지 가능할까. 참여 의료기관에 적절한 보상이 필요하다.

국민건강보험공단 건강보험연구원은 통합돌봄 방문진료 시범사업 성과를 분석한 논문을 발표했다. 방문진료 서비스를 받으면 입원과 시설 입소가 줄어 의료비 억제 효과가 나타났다. 특히 만성질환자, 고령자는 정기적 방문진료로 건강을 관리함으로써 응급상황을 예방하고, 응급실 방문과 입원을 감소시켰다.

Original Article

Effectiveness of Community-Acquired Pneumonia Treatment Through Home-Based Primary Care in South Korea

Home Health Care Management & Practice
1–7
© The Author(s) 2025
Article reuse guidelines:
sagepub.com/journals-permissions
DOI: 10.1177/10848223251328690
journals.sagepub.com/home/hhc

Dae Hyun Kim, PhD[1], Soojin Kim, MD[2], Jae Hoon Jung, RN, MS[3], Ji Young Kim, RN, MS[3], Hyejin Lee, MD, PhD[4], Sunyoung Kim, MD[5], and Joo Hyung Kim, MD, PhD[3]

Abstract

Background: South Korea is projected to have over 40% of its population aged 65 and older by 2050, and about 15% of these individuals are homebound due to mobility issues, increasing their risk of poorly managed health conditions like pneumonia. This study evaluates the effectiveness of home-based care for managing pneumonia among homebound elderly patients in South Korea.
Methods: From February 2023 to January 2025, 98 homebound patients with respiratory symptoms such as fever, cough, and sputum production were identified from referrals to a clinic specializing in home-based care. After exclusions, 76 cases with pneumonia were analyzed. Treatment involved intravenous fluids, nutritional support, and intravenous antibiotic therapy, with follow-up evaluations including physical examinations, chest X-rays, and blood tests. Clinical improvement was assessed based on symptom resolution, key clinical markers, and PSI score.
Results: Of the 76 cases, 79.0% (60 patients) demonstrated clinical improvement, while 13.1% (10 patients) required transfer to higher-level hospital care, and 7.9% (6 patients) died. Improvements were observed across clinical parameters, including normalized pulse rate, temperature, blood urea nitrogen (BUN), glucose, and C-reactive protein.
Conclusions: This study demonstrates that home-based care can effectively manage pneumonia in South Korea's homebound older adults, achieving a 79.0% improvement rate, reducing hospital readmissions, and improving healthcare outcomes by addressing mobility challenges and expanding services.

Keywords

home health, home-based primary care, community-acquired pneumonia, homebound elderly population, pneumonia severity index, healthcare delivery innovation

- 방문진료로 폐렴환자를 치료한 김주형 원장의 논문 -

'집으로 의원' 김주형 원장은 76명의 폐렴 환자를 방문진료 했다. 그 결과 79%의 환자가 호전된 것으로 나타났고, 13.1%는 추가 치료를 위한 이송, 7.9%는 임종했다. 그는 병원 진료가 어려운 고령 환자에게 방문진료가 실질적 대안이 될 수 있음을 보여줬다고 하며, 환자의 삶의 질 향상과 의료 접근성도 개선되었다고 한다.

방문진료는 외래보다 수익이 낮다. 하지만 적절한 전략과 구조를 갖추면 유지 가능한 진료로 만들 수 있다. 방문진료를 시작하는 의사는 먼저 시작한 곳에 찾아가 배울 수 있을 것이다. 재택의료 협회에는 다양한 직종의 방문진료 종사자가 있다. 방문진료 개원 세미나를 개최하는 것도 방법이 될 것이다.

현재 의사, 간호사 이외의 인력은 수가 보전이 없다. 사회복지사의 상담과 지역사회 연계 등은 보상이 없다. 작업치료와 치아 관리가 필요하지만 이런 수가는 없다. 필자는 매달 3,000km를 이동하는데 차량 유류비와 보험, 차량 감가상각 등의 비용이 발생한다. 동일 건물 혹은 동일 세대의 경우 진료비 차등 지급이 있다. 그렇다면 장거리 방문진료 가산도 필요할 것이다.

현행 건강보험에서 방문진료의 높은 수가를 요구하기는 어려울 것이다. 비급여 진료는 돌파구가 될 것이다. 장기요양 의사소견서 작성, 방문간호 지시서 작성, 영양 수액 등은 비급여 수익이 될 수 있다. 특히 거동이 불편한 환자의 방문간호 지시서 작성에 따른 행정 불편과 삭감 위험을 없애야 한다. 소위 주사 아줌마라 불리는 불법 의료행위도 차단해야 한다.

민간 의원이 공공 의료 역할에 참여하도록 통로를 마련해야 한다. 통합돌봄, 치매안심센터, 방문 호스피스 등 공공 위탁 사업에 참여하고, 연속 진료 가능한 제도도 필요하다. 이를 위해 지자체 통합돌봄 부서, 보건소, 복지관 등과 정기적으로 소통해야 할 것이다. 이 또한 정책 조율이 필요하다.

방문진료와 운영. 두 축이 동시에 돌아가야 한다. 의료의 본질을 유지하면서 지속 운영이 가능하도록 설계해야 한다. 방문진료는 대박 진료는 아니지만, 지역 단골 주치의가 되어 오래 가는 진료가 되어야 한다. 방문진료가 유지되어야 요양과 돌봄도 이뤄진다. 그렇게 되면 환자의 삶을 지탱할 수 있다.

아프리카에서 의료 봉사를 했던 슈바이처는 인류애와 헌신의 상징이라 한다. 의료 소외 지역에서 작은 슈바이처로 활동하는 방문진료 의사에게 긍지와 자부심을 심어줘야 한다. 좋은 진료는 버틸 수 있을 때 가능하다. 방문진료는 환자에게는 삶을 잇는 희망이고, 의사에게 의료의 본질을 확인하는 진료다. 방문진료가 지속될 수 있는 환경이 필요하다.

69장. 방문진료, 왜 의사들이 꺼릴까

　방문진료는 지역사회 통합돌봄의 핵심이다. 그런데 참여 의사가 부족하다. 정부는 장기요양 재택의료 센터를 추가 모집하지만, 의사의 참여도는 낮다. 장기요양 등급을 받은 환자, 거동이 불편해 병의원에 못 가는 환자. 집으로 퇴원 후 진료가 필요한 환자. 재택 생애말기(임종기)환자 등 수요는 분명한데도 말이다.

　방문진료의 가치를 이해하는 의사도 많다. 하지만 병원 유지가 안 된다고 고개를 젓는다. 환자에게는 눈물나게 고맙고 의미있는 진료라는 것을 안다. 하지만 의료기관 입장에서는 여전히 망설여진다. 무엇이 의사들의 방문진료를 막을까.

　시간과 수익의 불균형이 있다. 외래에서는 간단하게 마칠 진료지만, 환자의 자택에서 진료는 노트북, 프린터 세팅, 의료장비 준비 등 복잡한 준비 과정이 필요하다. 게다가 이동시간을 포함하면 최소 1시간 가량 소요된다. 투자한 시간, 노력 대비 수익은 낮다. 자영업자인 의사 입장에서 이 장벽을 극복해야 한다.

　경기도 연천에서 방문진료를 마치니 시계는 밤 10시를 가리켰다. 건강보험 심사평가원에서 그 시간에 연천에서 방문진료 했는지 의문이 들 수 있을 것 같아, 카드를 사용한 증거를 남기기 위해 식당을 찾았다. 하지만 문을 연 식당은 없었다. 편의점에서 김밥을 사서 차에서 먹었다. 그러면서 내가 왜 이걸 혼자 하고 있지. 라는 생각이 들었다.

행정 부담과 법적 리스크가 있다. 의과대학 동문인 국회의원을 만나 방문진료에 대해 얘기를 나눴다. 그는 방문진료 현장에서 발생하는 의료사고는 어떻게 대처하는지를 물었다. 답을 할 수 없었다. 방문진료 현장에는 의사와 간호사, 의료기기, 물품 등이 부족하다. 그러니 방어적으로 진료할 수 밖에 없다.

게다가 방문진료 동의서, 건강보험과 분리된 장기요양 관련 업무, 진료 현장에 없는 보호자와 소통 문제, 보호자 및 요양보호사 교육 등에도 많은 시간을 써야 한다. 이 과정에 간호사를 포함한 사회복지사 등의 인력이 필요한데, 사회복지사 수가는 없다. 필자는 진료 중 원내 사회복지사와 자주 통화하며 문제를 해결하는데, 효율성이 떨어진다.

방문진료는 환자의 삶으로 들어간다. 환자 혼자 있는 경우도 있고 소통이 어려워 제대로 된 진료를 보기 어렵다. 이런 난감한 경험이 있어, 요양보호사나 가족이 있는 시간대에 방문하려 한다. 외래 진료와 달리 요양보호사나 보호자에게 교육 등 감정적 소모가 생긴다. 돌봄으로 지친 가족에게 의사의 도움이 필요하기 때문이다.

아직은 시범사업인 방문진료가 본사업으로 이어지며, 통합돌봄에서 역할을 하려면 시스템을 갖춰야 한다. 의사의 봉사나 희생정신이 아닌 의료행위가 가능한 구조와 시스템을 갖춰야 한다. '방문진료가 의미있는 일이란 것은 안다. 그러나 내가 할 수는 없다.' 이런 인식을 바꾸는 시스템이 필요하다.

좋은 진료는 구조에서 나온다. 통합돌봄의 필수 요소인 방문진료가 지속, 확대되려면 의사 개인이 아니라 제도와 시스템이 필요하다. 의사 개인의 봉사에서 벗어나 병의원을 운영할 수 있는 진료, 거동 불편한 환자에게 실질적 도움을 준다는 보람을 느끼는 구조가 되어야 한다. 이제는 구조를 고쳐야 할 때다.

방문진료에서 의사의 참여가 부족한 이유

구분	의사들이 방문진료를 꺼리는 이유	해결책

1. 경제성 부족	- 낮은 수가 및 기회비용 문제(낮은 수입)
	- 초기 투자 및 유지 비용
	  (차량, 휴대용 기기 등)
	- 제한적인 가산 수가
	  (야간/공휴일 가산 부재)
		- 수가 현실화 및 인상
		  (시간, 이동 거리, 인력 반영)
		- 다양한 가산 수가 적용
		  (야간/공휴일, 동반 인력 포함)
		- 환자 본인부담금 인하 또는 지원

2. 과중한 업무 부담	- 긴 이동 시간 및 진료 시간으로 인한 시간 소모 - 복잡하고 추가적인 행정 업무 증가 - 간호사 등 동반 인력 고용의 인건비 부담	- 행정 절차 간소화 - 방문진료 지원 인력 확보 지원 (인건비 지원 등)
3. 법률/제도적 한계	- 방문진료 후 처방약 수령의 불편함 - 의료기관 외 진료에 따른 법적 책임 부담 - 방문진료 시범사업의 낮은 인지도	- 처방약 배송 시스템 구축 법적 보호 강화 (의료 분쟁 및 책임 부담 경감) - 사업 인지도 향상을 위한 홍보 강화
4. 환자 모집의 어려움	- 방문진료 필요 환자 발굴 및 모집의 어려움 - 환자 입장에서의 높은 본인부담금	- 환자 본인부담금 완화 - 방문진료 사업 적극 홍보 (환자 대상)
기타 해결책		- 방문진료 교육 프로그램 개발 및 운영성공 사례 공유 및 노하우 전수 활성화

70장. 방문진료, 돌봄의 윤리를 묻다

방문진료는 한 사람의 삶에 들어가 그가 살아가는 공간, 관계, 시간 속에서 돌봄 윤리를 실천하는 일이다. 병원에서는 보이지 않았던 질문이 집에서 떠오른다.

"나는 올바르게 진료하고 돌보고 있는가?"
"이 사람이 원하는 방식을 고려해서 돌보고 있는가?"

방문진료는 의사의 손보다 의사의 마음과 태도를 먼저 시험한다.

방문진료, 재택의료, 말기돌봄과 같은 현장은 눈앞에서 고통과 죽음을 마주한다. 의료인은 환자를 위해 최선을 다하고 싶지만, 자원 부족, 가족의 반대, 제도적 제약 등으로 옳다고 생각하는 일을 할 수 없는 상황이 발생한다. 이때 생기는 감정적·윤리적 괴로움이 있다. 의료인이 부족해서가 아니다. 방문진료라는 특수성에서 생기는 문제다.

그래서 돌봄 윤리가 필요하다.

돌봄의 윤리 ① 존중:

진료 주도권은 의사보다 환자에게 있다. 환자가 누워 있는 방, 책상이 놓인 위치, 벽에 걸린 가족사진, 이 모든 것은 환자의 세계다. 집에서 의사는 게스트일 뿐. 치매로 말이 통하지 않더라도, 침대에 누워만 있어도,

환자의 선택과 마음을 고려해야 한다.

"제가 어떻게 도와드릴까요?"

"이건 원하지 않으시면 하지 않겠습니다."

그 말 한마디가, 치료보다 더 큰 행위가 된다.

돌봄의 윤리 ② 비침해:

무엇을 하는 것보다, 하지 않는 용기가 필요하다. 의사는 무언가를 해야만 한다. 하지만 방문진료에서 때로는 무언가를 하지 않는 것이 나은 경우가 있다.

말기 암 환자에게 항생제를 쓰지 않는 것

환자과 가족의 뜻에 따라 병원 전원을 하지 않는 것

불안한 환자에게 검증되지 않은 치료를 하지 않는 것 등이다.

돌봄의 윤리 ③ 연결:

혼자가 아닌 함께 돌봄이 필요하다. 보호자, 요양보호사, 방문간호사, 사회복지사, 심지어 반려동물까지도 구성원이 된다.

의료와 돌봄이 같이가는 구조를 만들어야 한다.

돌봄의 윤리 ④ 애도:

돌봄의 끝은 이별이고, 그 이별을 정중히 대해야 한다. 방문진료에서 임종 선언과 마지막 진료기록 작성은 흔한 일이다. 그때 필요한 건 기술이 아니라 보호자와 함께 슬픔을 함께 견디는 태도다.

죽음 앞에서 "더 해드릴 게 없습니다"가 아니라 "끝까지 함께할 수 있어 감사했습니다" 라고 말할 수 있어야 한다. 윤리는 교과서에 없다. 윤리는 정답이 없다. 고민과 성찰의 반복 속에서 만들어진다.

환자의 삶을 지키는 일은 의료인의 마음을 지키는 일과 연결된다. 돌봄 윤리는 개인적 차원을 넘어 제도적, 조직적으로 관리해야 한다. 불안한 환자의 심리를 이용해 검증되지 않은 치료, 효과 없는 비급여 치료를 권해서도 안 된다.

방문진료는 매 순간 선택을 요구한다. 선택에는 의사의 사람됨이 필요하다. 돌봄의 윤리를 묻는 건 의사가 누구인가를 묻는 것이다. 그 물음에 정직하게 답할 수 있을 때, 비로소 방문진료 의사가 된다.

방문진료 시 검증되지 않은 치료법 문제
(환자 및 보호자의 절박한 심정을 이용한)

문제점	해결책	세부 실천 방안
객관적 검증 시스템 부족	명확한 가이드라인 및 표준화된 진료 프로토콜 확립	- 방문진료 가이드라인 개발 및 준수 의무화 - 특정 질환에 대한 표준화된 진료 프로토콜 마련 - 급여 항목 명확화 및 비급여 통제 (기준 제시, 고지 의무 강화)
규제 및 감독의 어려움	감독 및 평가 시스템 강화	- 환자 및 보호자 피드백 채널 확대 및 활성화관리 - 기관의 무작위 현장 점검 및 진료 내용 평가 - 검증되지 않은 치료 및 비윤리적 진료 시 처벌 및 제재
의사 개개인의 윤리 의식 및 역량 차이	교육 및 역량 강화	- 방문진료 참여 의사 전문 교육 의무화 (근거 중심) - 지속적인 보수 교육 (최신 지견 습득) - 직업윤리 교육 강화 (환자 중심 사고, 책임감)
정보 비대칭 및 환자/보호자 판단의 어려움	환자 및 보호자의 정보 접근성 강화	- 방문진료 표준 진료 정보 제공 확대(리플렛 등) - 환자 및 보호자의 '현명한 환자' 교육 강화 (권리 인지, 의문 제기)

71장. 진료와 돌봄 사이의 경계 허물기

　방문진료 현장에서 처방된 약을 가져다 줄 수 있는지, 환자가 약을 먹지 않는데 어떻게 약을 먹일지. 묻는 요양보호사가 있다. 남편이 배우자에게 폭언, 폭행을 하는데 어떻게 해야할지 묻는 경우도 있다. 난감한 상황이다.

　경기도 포천. 환자의 폭력성으로 배우자가 지쳐 있었다. 센터장과 논의 후 약물로 증상을 조절하고, 장기요양 등급을 받은 후 요양원에 입소해서 배우자와 분리했던 경험이 있다. 우울증으로 자살하겠다는 환자. 계약이 만료되어 이사 가야 하는 장애인 주치의 보호 등.

　'치매 환자가 약을 먹지 않아요. 약이 커서 삼키지 못해요.' 욕창 드레싱 후 체위 변경 교육, 자신의 처지를 비관하여 울고 있는 환자 응대. 최근 아들과 갈등으로 연락이 안 되어 곤란한 상황을 겪은 아버지 등. 이 모두는 진료와 돌봄의 경계에 있다.

　의사가 하는 일이 아닙니다. 도움을 드리지 못해 죄송합니다. 이렇게 말하고 집을 나오는 경우가 많았다. 하지만 진료와 돌봄의 영역, 그리고 경계가 어디인지 고민하는 계기가 되었다. 방문진료 현장에서는 검사, 약 처방만으로 끝나는 것이 아니었다. 방문진료는 환자 삶의 맥락 전체를 포함할 때 시작된다. 그래서 혼자는 어렵다.

의료와 돌봄을 나눈 건 제도일 뿐. 환자는 그렇지 않다. 의료는 의료법과 의료행위로 판단한다. 의료와 복지는 이 기준으로 나뉠 뿐. 환자에게는 진료와 돌봄이 하나다. 욕창 환자도 밥은 먹어야 하고, 치매 환자는 돌봄이 필요하다. 우리 삶처럼 진료와 돌봄도 통합되어야 한다.

의사의 역할도 달라져야 한다. 의료기관에서 의사는 전문가, 결정자다. 하지만 환자의 집에서는 의사도 방문자, 동반자일 뿐이다. 복약 순응도를 위해 교육하고 요양보호사에게 환자 정보를 파악 후 조정하고 교육해야 한다. 의사는 진료와 함께 돌봄 파트너가 되어야 한다.

방문진료에서 삶의 주체는 환자다. 보호자와 요양보호사는 협력하는 파트너다. 의사는 돌봄 설계자가 된다. 의료가 돌봄과 만나는 순간, 진료는 관계를 만들고, 신뢰를 회복한다.

진료와 돌봄의 경계를 허물어야 한다. 다직종 팀 기반 사례관리가 필요하다. 의사, 간호사, 사회복지사, 작업치료사, 요양보호사 등 다양한 직종의 사람이 참여한다. 복약지도, 보호자 상담 등 통합 서비스가 필요하다. 혈압, 당뇨 관리, 욕창 예방 교육 등 생활관리도 필요하다. 진료와 돌봄의 통합으로 재설계 되어야 한다.

우리는 진료만 하러 간 것이 아니다. 환자의 병만 보러 간 것이 아니라, 환자의 삶을 지키러 간 것이다. 진료는 필요조건이고, 돌봄은 충분조건이다. 그 둘은 분리될 수 없고, 같이 가야 한다. 진료와 돌봄의 경계를 허무는 것, 그것이 방문진료의 본질이자, 오늘의 의료가 나아가야 할 길이다.

72장. 방문진료가 만드는 새로운 의료 패러다임

오랜기간 의료는 병원 중심으로 진화했다. CT, MR 등 고가의 첨단 장비와 그 장비를 수용할 건물, 화려한 외관 등. 병원은 고성장 사회를 따라갔다. 그러나 의료만 중시하는 상황에서 환자의 삶이 밀려나는 역설적인 현실이 생겼다. 거동이 불편한 환자는 구급차로 이송하지만, 그것마저도 힘든 환자는 의료에서 소외되었다.

병원 밖에서 다시 등장한 오래된 진료 방식, 방문진료는 과거 왕진의 부활이 아니다. 새로운 시대에 새로운 의료 패러다임이 등장한 것이다. 다직종 협업, 지역사회 연계, 장기요양 연계, 통합돌봄, 정보통신 기술의 결합까지. 그 결과 질병 중심 의료에서 사람 중심으로, 치료 중심에서 관계 중심의 새로운 의료 패러다임이 생겼다.

이제 의료는 병원 중심에서 사람이 사는 집으로 옮겨지고 있다. 의료의 범위도 넓어진다. 질병만 보던 의료에서 삶 전체를 다룬다. 질병만 아니라 관계를 보고, 처방만 아니라 돌봄을 설계하고, 환자뿐 아니라 가족, 간병인까지 아우른다. 치료의 시작뿐 아니라 끝과 이별도 의료로 받아 들인다.

공간이 달라지면 진료 방식도 달라진다. 병원에는 환자가 찾아가지만 방문진료는 환자의 홈그라운드로 의사가 간다. 공간이 달라지니 진료의 권력 구조가 재편되었다. 진료실에서 환자는 기다리고 듣고 따른다. 집에서는 자신의 삶을 보여주고, 의사는 삶과 건강의 조건을 읽는다. 의사가 환자의 삶에 적응하는 방식이 된 것이다. 그것이 방문진료다.

의료가 행위에서 관계로 바뀌었다. 방문진료는 정기적 방문, 반복 진료, 생애 관리형 접근을 한다. 의사는 검사 수치와 차트로만 환자를 판단하지 않는다. 환자의 혈색, 얼굴 표정, 식사, 집의 구조 등 모두 진료 정보가 된다. 이런 관찰로 환자의 삶에 녹아든 진료가 가능해진다. 방문진료는 환자의 삶까지 고려한다.

의료가 지역과 연결된다. 방문진료는 환자와 가족뿐 아니라 그가 속한 지역, 돌봄체계, 사회적 자원과 연결이 필요하다. 장기요양 기관, 치매안심센터, 보건소, 복지관 등과 연계가 필수다. 의사만 진료하는 것이 아니라 환자를 중심으로 지역 전체가 협업한다. 방문진료는 지역이 함께 돌보는 구조의 출발이다.

의료가 인간 존엄성을 회복하는 계기가 된다. 방문진료는 진료만 보지 않는다. 환자의 집에서 자세히 보고 듣고 머무르는 시간이 필요하다. 생애 말기 환자, 치매 노인, 거동 불편한 장애인 등을 마주한다. 의료인은 무기력한 육체만 돌보는 것이 아니라 인간의 존엄을 생각하며 진료한다. 환자의 삶을 보면 그렇게 된다.

의료가 공공재임을 다시 확인시킨다. 병원은 큰 건물과 최첨단 의료기기, 명의가 있다. 하지만 병원에 접근하기 어려운 환자에게는 무용지물이다. 병원이 없는 지역, 병원까지 못 가는 환자에게 의료가 먼저 다가가는 것. 이것이 민간이 실시하는 공공의료가 된다. 의료의 책임과 윤리가 실현되는 방식이다.

고령사회에서 의료는 병원에만 머무를 수 없다. 환자의 삶으로 향하는 발걸음, 삶 전체를 살피는 시선, 치료와 함께 관계의 회복, 모든 것이 방문진료로부터 시작된다. 방문진료는 의료가 사람을 향했다는 증거다. 우리는 진료 가방을 들었다. 하지만 과거로 회기가 아니라 미래 의료의 전환점이 될 것이다.

초고령 사회 대한민국에서 방문진료가 가지는 의의

의의	주요 내용
고령층 삶의 질 향상 및 존엄성 유지	- 불필요한 입원/시설 입소 줄여 재택 생활 유지 - 익숙한 환경에서 정서적 안정감 제공
의료 접근성 및 건강 형평성 극대화	- 거동 불편, 지리적/경제적 제약 등 의료 사각지대 해소 - 만성/복합질환 관리 강화 및 합병증 예방 - 환자 환경 고려한 예방 중심 건강 관리
의료비 절감 및 사회적 효율성 증대	- 질병 악화로 인한 불필요한 입원/응급실 이용 감소 - 요양시설 입소 지연 또는 감소로 개인/국가 부담 경감 - 의료 자원의 효율적 배분
통합 돌봄 시스템의 핵심 축	- 의사, 간호사, 사회복지사 등 다직종 협력 모델 구현 - 지역사회 내 다양한 보건복지 자원 연계 강화 - 환자 및 가족의 건강 관리 및 돌봄 역량 강화

재택의료란?

이론/실천/정책/윤리적 측면에서 완전히 새로운 의료

- **Best Practice**
  가장 모범적인 재택의료센터
- **Horizontal Leadership**
  상호존중과 신뢰에 기반함
- **Ethical Management**
  정직과 윤리적 경영

73장. 내가 이 길을 계속 걷는 이유

2012년 전문의를 취득하고 병의원에 취직했다. 직장을 선택할 때 큰 어려움은 없었던 것 같다. 의사 면허의 수요는 있었다. 이처럼 의사는 수많은 선택 앞에 선다. 더 큰 병원으로 가는 길, 안정적인 수입을 얻는 길, 편안한 진료환경을 선택하는 길.

9년간 요양병원을 운영했고, 2023년 폐업했다. 학회에서 만난 교수님은 전공과를 살려 개업해보라 했다. 내 전공과목의 수가가 좋아졌다. 교수님의 제안은 당연한 것이다. 노인의료를 했던 지난날을 떠올리며 고민에 고민을 거듭했다. 그리고 결국 방문진료로 방향을 정했다.

방문진료, 누군가의 집 문 앞에서부터 시작되는 길. 처음 가는 길이라 찾기 어려웠다. 경기 북부 외곽 지역은 네비게이션으로도 찾기 어려운 곳이 많다. 폭우로 폭설로 힘든 날. 주택 골목에 겨우 주차했는데, 차 빼달라는 전화 혹은 주차 단속. 힘겹게 찾아갔는데 환자가 병원에 입원했다고 집에 없던 날 등. 다양한 경험을 했다.

이 길을 왜 걷고 있을까, 내가 묻고 또 물었던 순간이 많았다. 하지만 그것 이상으로 받은 것이 많았다. 찾아와서 고맙다는 말, 다음에도 와달라는 말. 임종 선언 후 고맙다는 말. 이런 말은 진료실에선 쉽게 들을 수 없다. 진료실에서는 기계적으로 진료를 했다. 환자 없이 보호자 대리처방도 많았다.

나는 그 말을 듣기 위해, 다시 길을 나선다. 의사가 할 수 있는 가장 인간적인 진료. 방문진료는 최신 기술도, 값비싼 장비도, 큰 수술도 필요 없다. 필요한 건 움직이는 몸, 머무를 수 있는 여유, 이야기를 들을 수 있는 귀가 필요하다. 그것이 의사의 본질일지 모른다.

나는 이 길에서 사람을 더 많이 만났고, 삶을 더 깊이 들여다봤으며, 나 자신을 더 많이 돌아봤다. 진료를 하며 사람을 고치려 했지만, 나는 그 사람들 덕분에 의사로, 인간으로 다시 세워졌다.

앞으로도 이 길을 걸을 것이다. 지치기도 하고, 혼자라 느끼기도 하겠지만, 그럼에도 노트북과 프린터, 의료 용품을 챙겨 길을 나설 것이다. 이 길의 끝에는 병이 아니라 사람이 있고, 진료와 함께 돌봄이 있고, 치료와 함께 견디는 시간이 있다. 나는 이 길을 걷는다.

74장. 방문진료의 내일을 상상하며

하루가 끝날 무렵, 무거운 진료 가방을 내려놓고 앉아 생각한다. 방문진료는 앞으로 어떻게 될까. 정부의 시범사업으로만 유지될까. 시범사업이 종료될까. 아니면 수요가 많아져 본사업으로 전환될까.

상상해본다. 필요한 사람이, 편안하게 진료받을 수 있는 세상, 거동이 불편하고, 말기 질환으로, 장애로 병원을 못 가는 사람에게, 병원이 찾아간다. 중심에 한 사람의 의사가 있을 것이다.

오늘의 방문진료는 특별한 진료로 여겨졌다. 하지만 내일의 방문진료는 고령자의 일상이고, 가족의 선택이고, 지역의 필수 인프라가 될 것이다.

의사가 집에 오는 것은 더 이상 낯선 일이 아니어야 한다. 내일의 방문진료는 혼자가 아니다. 지금은 많은 의사가 혼자 가방을 들고 다닌다.

하지만 앞으로는 간호사, 사회복지사, 작업치료사, 심리상담가와 함께 움직이고, 플랫폼을 통해 병원·보건소와 실시간으로 연결되며, 데이터와 기술이 진료의 공백을 메워주는 팀 기반 진료, 기술과 돌봄이 결합된 모델이 될 것이다.

내일의 방문진료는 정책의 중심이 될 것이다. 방문진료가 지역 의료의 근간이 되고 장기요양, 재가복지, 건강보험이 하나의 플랫폼에서 통합된다. 방문진료 전담 의사, 재택의료 전문 클리닉이 제도화되고 현재의 시범사업이 보편적 제도로 자리잡는 미래를 상상한다.

내일의 방문진료는 사람 중심의 철학을 가진다. 신속함보다 관계, 효율보다 배려, 치료보다 동행하는 의료, 의료가 기술화, 자동화, 비대면화 되는 시대에도 방문진료는 사람을 중심에 놓는 방식이어야 한다.

지금 이 길을 걷는 의사들이 있고, 진료가 필요한 사람들이 기다리고 있으며, 돌봄을 가치 있게 여기는 사회가 만들어진다. 그 변화는 대단한 정책보다 누군가의 문을 두드리는 한 사람의 진료에서 시작된다.

방문진료의 내일은 멀리 있지 않다. 우리가 쓰고 있는 이 기록 위에, 우리가 매일 걷는 그 골목 안에 있다. 내일이 오기까지, 나는 계속, 우리는 계속, 이 길을 함께 걸을 것이다.

[헬스경향 칼럼 노동훈 원장 사례로 본 재택의료 5탄]
방문진료 편리한데…도대체 어디서 신청하죠?

진료를 마치면 언제나 민지 엄마는 작은 선물을 준다. 간식과 음료와 샌드위치 등 종류도 다양하다.

"감사히 받겠지만 안 주셔도 됩니다."

이렇게 말하면 "와서 진료를 봐주는 것이 얼마나 고마운지 모른다"고 한다. 항암치료로 힘든 민지 엄마에게 찾아가는 진료는 고마울 따름이다. 함께 하는 간호사에게 다음 방문에는 민지가 좋아하는 것을 준비하자고 했다. 방문진료는 누군가에게 반드시 필요하다.

의료기관으로 직접 찾아오는 것이 점점 어려워졌다. 고령의 독거노인들이 많다. 타 지역에 거주하는 자녀가 부모를 모시고 병원을 방문하기 위해서는 휴가를 내거나 하루를 쉬어야 한다. 게다가 중증 장애인, 와상 환자, 퇴원 후 자택에서 회복하는 환자는 더더욱 그렇다.

방문진료 현장에서 방문진료의 필요성을 알게 된다. 이제는 의사가 '집으로 찾아가는 진료'가 필수의료가 됐다.

실제 방문진료를 받아보신 분들은 대부분 만족한다. 병원 이동의 불편함 없이 집에서 진료와 처방을 받을 수 있고 정기적으로 의료진이 건강 상태를 체크하니 안심이 된다는 반응이다.

병원을 다녀오다 넘어지는 일도, 무더위에 지치는 일도 없다. 검사와 대기 등으로 고령의 환자가 탈진하는 것도 없어졌으니 좋다. 하지만 방문진료를 모르는 분들이 많다. 방문진료를 알아도 진료 신청방법은 여전히 어렵다.

일차의료 방문진료 수가 시범사업은 건강보험심사평가원 홈페이지에서 특수

운영기관 정보 메뉴를 클릭하면 된다.

일차의료 방문진료 수가 시범사업의 경우 건강보험심사평가원(HIRA) 홈페이지에서 특수운영기관 정보 메뉴를 활용하면 된다. 이 메뉴에 들어가면 '일차의료 방문진료 수가 시범기관' '장애인 건강주치의 시범기관(방문진료 실시)' '치매관리주치의 시범기관(방문진료 실시)' 등 항목별로 방문진료를 제공하는 의료기관을 직접 조회할 수 있다. 원하는 지역을 선택하면 기관명과 주소 등 상세 정보가 검색돼 편리하다.

특수운영기관 메뉴에 들어가면 각 항목별로 방문진료를 제공하는 의료기관을 직접 조회할 수 있다.

장기요양보험 등급 수급자는 '재택의료센터 시범사업'을 통해 의사 월 1회, 간호사 월 2회의 방문진료와 간호서비스를 받을 수 있다. 재택의료센터 또는 건강보험공단 지사(요양기준부 등)를 통해 장기요양 재택의료 센터와 연락하면 된다.

원하는 지역을 선택하면 기관명과 주소 등 상세정보까지 확인할 수 있다.

조금 복잡해 보일 수 있으나 한 번의 번거로움을 넘어서면 의사, 간호사, 사회복지사 등이 찾아오는 편리한 제도임을 알게 될 것이다. 초고령사회 대한민국에 반드시 필요한 방문진료를 국민들이 알고 꼭 혜택받기를 바란다.

"이 세상에 열정없이 이루어진 위대한 것은 없다"
(Nothing great in the world has been
accomplished without passion.)

- 게오르크 빌헬름 Georg Wilhelm -

마감하며

병이 아니라 나를 본 의사.

"선생님은… 병이 아니라 저를 보시는 것 같아요."

진료가 끝난 줄 알았던 순간, 환자가 조용히 꺼낸 한 마디였다. 불편을 듣고, 청진하고, 환부를 살피고, 약을 처방했다. 내게는 일상이지만 거동이 불편해 집에만 있는 환자에게는 새로운 경험이다.

환자가 기억한 건, 내가 얼마나 오래 있었는지, 내가 어떤 눈빛으로 그의 이야기를 들었는지였다.

우리는 오랫동안 '병'만 봤다.

의료는 효율을 추구한다. 정해진 의료 자원을 잘 분배하는 것은 병원 운영에 필수다. 진단은 빠를수록 좋고, 처방은 정확해야 한다. 환자의 병은 차트에 기록된다.

그러는 사이, 사람은 점점 사라졌다. 이름보다 병명이 불리고, 질문보다 설명이 우선되고, 효율적 치료를 위해 관계 맺음은 사라졌다.

그러나 사람은 병만으로 존재하지 않는다.

방문진료는 사람을 보게 만든다

집으로 간다는 것은, 환자의 공간으로 들어간다는 뜻이다. 살림, 냄새, 소리, 가족의 표정, 그리고 말보다 많은 침묵의 정보들.

가정에서 의사는 진단이 아니라 삶을 이해하게 된다. 왜 약을 안 먹었는지, 왜 화를 냈는지, 왜 얼굴빛이 어두운지.

진료는 병이 아니라, 사람을 이해하는 일이라는 것을 현장에서 배운다. 끝까지 제 말을 들어줘서 고마워요. 우리 상황을 이해하니 고마워요. 이런 말을 들을 때가 있다. 정형화된 병원 진료에는 어려운 일이다.

다양한 이유로 거동이 불편한 환자는 불편한 몸을 치료해 달라는 것과 함께, 자신의 무너진 삶을 함께 붙잡아주기를 바란다. 그 마음을 이해하는 순간 진료는 돌봄이 된다.

"나를 봐줘서 고마워요."

그 말은 의사의 피로를 녹이고, 방문진료의 의미를 다시 붙잡게 해주는 말이다. 바쁜 하루 많은 차트 속에서 '누군가의 삶에 내가 있었구나'라는 생각이 힘을 준다.

우리는 다시, 사람을 본다.

방문진료는 원점으로 돌아가는 진료다. '환자'를 넘어 '한 사람'을 마주하고, '병'과 함께 '존재'를 바라본다. "선생님은 병이 아니라, 저를 보셨어요." 이 말을 듣기 위해 나는 오늘도 누군가의 집을 향해 간다.

2025년 7월 노동훈

장기요양재택의료 환자 관리카드

환자정보	성 명		생년월일		관계	
	인정번호	L	유효기간		등급	
	주 소				휴대전화	
	건강중요문제				소속센터	
	최초포괄평가		포괄평가 재수립 (최초평가후 1년)			
	보호자 현황					
	성 명	전화번호	관계	거주지역	비 고	

건강상태	질 병		복용중인 약			
	틀 니	□전체 □부분 □미착용				
	식 이	□일반식 □다진식 □죽식 □미음 □기타	L-튜브	□유 □무		
	욕 창	□유 □무	기저귀	□착용 □미착용	Foley	□유 □무
	기 타					
	건강상태 기록 내용					

편한자리의원

책 작성 및 원고에 도움을 준 원장님들

원장님	병원이름
	1. 파주 연세 송내과 송대훈 원장님 경기도 파주시 후곡로3 (금촌동 952-6) 현인메트로 2, 3층 031-8070-1198
	2. 성북구 돌봄의원 김창오 원장님 서울 성북구 돌곳이로 22길 26-2 02-966-1324
	3. 중랑구 서울신내의원 이상범 원장님 서울시 중랑구 용마산로 622 02-3422-1911

4. 서울특별시 북부병원 김무영 과장님
서울 중랑구 양원역로 38
02-2036-0200

5. 집으로 가는 준 의원 이홍준 원장님
제주특별자치도 제주시 아란 13길 10, 3층
064-805-0119

6. 서울봄연합의원 이충형 원장님
서울 성북구 삼양로 579
화성빌딩 2,3,4층
02-907-0304

7. 우리동네30분의원 정혜진 원장님
서울 마포구 백범로 99
승행빌딩 4층
010-2609-5961

<책 완성 도움을 준 의료기기 업체분들>

병원에서 집으로,
안심하고 일상으로

*From hospital to home,
exceptional care cordination every step of the way*

방문간호

대학병원 근무경력간호사가
가정을 찾아 방문간호지시서에 따른
전문간호를 제공합니다.

방문요양

간호사, 사회복지사,
요양보호사, 치료사가 팀을 이뤄
맞춤형 방문요양 서비스를 제공합니다.

환자지원프로그램

희귀난치성질환을 중심으로
환자 치료여정에 필요한
전문 교육과 지원을 제공합니다.

임상연구지원서비스

임상연구간호사가
글로벌 임상연구의 대상자
원격지원/사이트지원을 제공합니다.

www.bayadakorea.com 1670-1379
[일상친구]

바야다홈헬스케어
50년전통의 미국 최대 비영리 홈헬스케어 서비스 기업과 함께
환자중심 재택의료를 제공하고 있습니다
서울시 강남구 도산대로 413 4,5층 02-508-1379

<책 완성 도움을 준 의료기기 업체분들>

엠투피
레이더 기반 지능형 모니터링 및 응급 대응시스템
010-4732-9301

<책 완성 도움을 준 의료기기 업체분들>

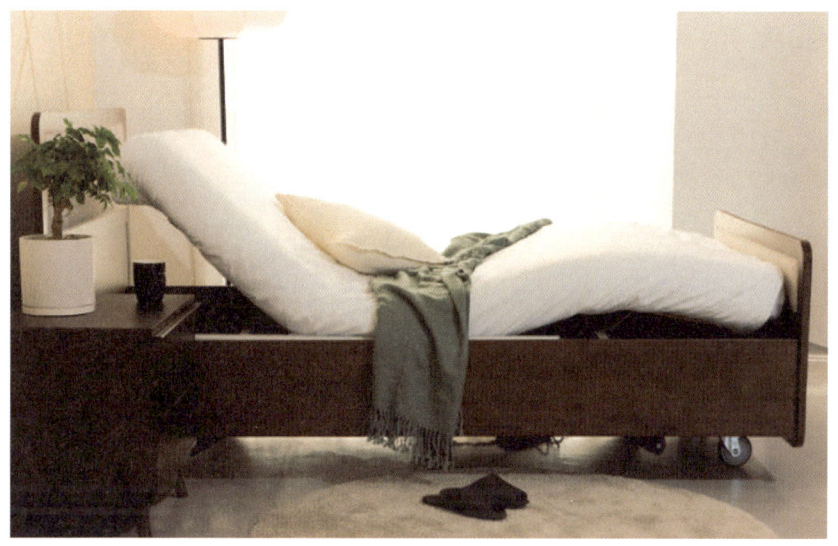

모베 더쉼 (모션베드)
재가용 의료침대로써, 높낮이 조절, 등/다리 각도 조절로 간병인, 환자 모두 편안하게 재택치료를 받을 수 있습니다.
경기도 고양시 일산동구 성석로 180-2 (주) 모베
031-977-9296